DENIZ AYKANAT

DIE ISAR TÜRKIN

DENIZ AYKANAT

DIE ISAR TÜRKIN

Mein Leben zwischen
Bayern und Bosporus

DIANA

Sollte diese Publikation Links auf Webseiten Dritter enthalten, so übernehmen wir für deren Inhalte keine Haftung, da wir uns diese nicht zu eigen machen, sondern lediglich auf deren Stand zum Zeitpunkt der Erstveröffentlichung verweisen.

MIX
Papier aus verantwortungsvollen Quellen
FSC® C083411

Verlagsgruppe Random House FSC® N001967

Neumarkter Straße 28, 81673 München
Redaktion: Dr. Carina Heer
Umschlaggestaltung: Favoritbüro
Illustration Porträt Deniz Aykanat: © Bernd Schifferdecker
Umschlagmotive: © Shutterstock
Autorenfoto: © Ulrike Frömel
Satz: Leingärtner, Nabburg
Druck und Bindung: CPI books GmbH, Leck
Printed in Germany

ISBN 978-3-453-28548-4
www.diana-verlag.de

Dieses Buch ist auch als E-Book lieferbar.

Für meine Familie – die alte und die neue

I

ALLER ANFANG IST SCHWER

Nicht der, der lange lebt,
sondern der viel gereist ist, hat Wissen.

ÇOK YAŞAYAN BILMEZ, ÇOK GEZEN BILIR.

Es ist das Jahr 1990. Meine Mutter, mein Vater, mein Bruder und ich spazieren an der Promenade von Marmaris entlang, einer aufstrebenden türkischen Touristadt in der Provinz Muğla am Mittelmeer, als wir bemerken, dass die Familie hinter uns auf Türkisch über uns spricht. Genauer gesagt: über mich.

Ich bin fünf Jahre alt, es sind Sommerferien, und ich mache jeden Tag exakt dasselbe, ohne dass mir dabei langweilig wird: Eis essen, spielen, Eis essen, am Strand auf und ab laufen, wieder Eis essen, schwimmen, weitere Eise essen, schlafen und alles wieder von vorne.

»Schau mal, das kleine strohblonde Mädchen! Die ist so weiß, die ist ja schon durchsichtig!« Obwohl ich hinten keine Augen habe, was ich als Kind immer extrem bedauert habe, spüre ich den Zeigefinger, der auf mich zeigt. »Hast du so was schon mal gesehen?« – »Vielleicht sperren die Leute daheim bei sich ihre Kinder im Keller ein, wo sie keine Sonne abbekommen!?« Die Familie hinter uns lacht sich tot, ich glaube, dass sie sich sogar auf die Schenkel hauen. Dass wir jedes Wort, das sie sagen, verstehen können, ahnen sie nicht.

Dabei sehe ich gerade wegen einer waschechten Türkin so aus, wie ich aussehe. Aber manchmal verfallen eben auch Türken den Klischees über Türken: Und die haben eben nun mal dichtes tiefschwarzes Haar zu haben, das wie ein festgetackerter Teppich auf ihrem Haupt thront. Ihr Gesicht ziert eine Adlernase. Sie sind laut, sie tragen immer zwei Handys am Gürtel und fahren (grundsätzlich nicht angeschnallt) 3er-BMW. Sie haben einen Oberlippenbart und lieben Knoblauch.

Das mit dem Oberlippenbart gilt übrigens auch für die Türkinnen. Dazu ziert diese eine Monobraue auf bronzefarbener Haut. Außerdem tragen sie Kopftuch und meterdick Makeup im Gesicht. Sie sind eifersüchtig, lassen sich von ihrem Freund die Handtasche tragen, werden schnell hysterisch und sind abergläubisch. Sie lieben Kinder und kochen immer und überall.

Davon sind auch die klischeegläubigen Herrschaften hinter uns auf der Promenade von Marmaris überzeugt. Die türkische Familie kriegt sich gar nicht mehr ein. »Die sitzt am Strand bestimmt herum wie E. T. – komplett in Handtücher gehüllt! Hahahaahaha!!!« – »Das sind doch bestimmt Engländer, die sich vorm Schnorcheln erst mal eine Stunde lang mit weißem Zeug einschmieren!«

Abrupt bleibt mein Vater stehen, dreht sich um und sagt grinsend auf Türkisch: »Ach, wir wissen auch schon nicht mehr, was wir noch mit unserem kleinen Albino machen sollen. Wir legen sie jeden Tag in die Sonne, aber es passiert einfach nichts. Sie wird allerhöchstens rot.«

Die türkische Familie rührt sich vor Schreck erst nicht mehr, stammelt dann irgendetwas Unverständliches und flüchtet.

Ja, allerhöchstens werde ich rot. Mein Spitzname in der Schule war dementsprechend deshalb auch jahrelang »Tomate«.

Zu verdanken habe ich meine Neigung zum Krebsrot-in-der-Sonne-Werden ausgerechnet meiner Nine,[1] der besagten waschechten Türkin. Wie aus dem Gesicht geschnitten sehe ich ihr ähnlich, sagt mein Vater gerne. Meine Großmutter hatte tscherkessische Vorfahren, eine Volksgruppe aus dem Kaukasus, die berühmt ist für ihre blonden und rothaarigen Frauen.

Was bei meinem Vater nur als roter Rauschebart sichtbar ist, schlug eine Generation später bei mir noch einmal mit vollem Schwung durch. So führten ein türkisch-russischer Krieg und genetische Kapriolen dazu, dass ich eine der wenigen halben Türkinnen bin, die einen Sonnencremeverbrauch haben wie fünf englische Familien im Mallorcaurlaub.

Meine türkischen Großeltern starben, als ich noch sehr klein war. Ich kann mich kaum an sie erinnern. Ich weiß nur noch, dass mein Dede, mein türkischer Opa, immer recht finster dreinblickte und meine Nine jedes Mal weinte, wenn wir wieder abreisten. Abgesehen von meinem Aussehen und meinem türkischen Vater ist das Einzige, was ich von meiner Großmutter, ja überhaupt von meinen türkischen Großeltern besitze, eine goldene Münze mit dem Konterfei Atatürks darauf. Keine Fotos, kein antikes Silber oder alte Briefe – nur dieses Medaillon. Früher trug ich es manchmal in der Schule an einer goldenen Kette. Es gefiel mir, dass meine Mitschüler mich danach fragten und ich ihnen dann altklug erklären konnte, wer dieser Typ um meinen Hals ist. Karl der Große und Hitler kannten in der Klasse natürlich alle. Aber Atatürk – den kannte am Münchner Gymnasium nur ich. Stolz war ich auf

---

1 Türkisch für »Oma«.

mein Medaillon und mein Wissen. Und auch ein bisschen stolz auf Atatürk.

Die Atatürk-Münze war für mich wie eine Botschaft meiner Großmutter: Ohne Atatürk würden wir vielleicht unter dem Joch der Ajatollahs leben. Und müssten Kopftücher tragen. Wir hätten vielleicht keine modernen Krankenhäuser und würden nicht mit lateinischen Buchstaben schreiben. Außerdem war Atatürk blond. Ein blonder Türke wie ich!

Mit meinem Stolz auf Atatürk war ich nicht allein. Das stellte ich immer in den Sommerferien fest, wenn ich mit der Familie in der Türkei war. Dort hängt der Gründer der modernen Türkei in jedem Zimmer. Mindestens einmal. Es fehlte nicht viel und man hätte ihn auch noch in den Toiletten aufgehängt. Und natürlich gibt es Statuen von ihm – noch und nöcher. In Marmor, Bronze, Messing.

Mustafa Kemal, der später vom Parlament den Nachnamen Atatürk – »Vater der Türken« – verliehen bekam, ist der Begründer der Republik Türkei. Auf den Trümmern des Osmanischen Reiches baute er ein Land auf, das er radikal nach westlichen Maßstäben ausrichtete. Er schaffte Sultanat und Kalifat ab und reformierte Sprache und Schrift. Und das alles quasi im Alleingang!

Andere Bronzeköpfe sah ich nicht, zumindest nicht beim Spaziergang an der Promenade von Marmaris, wo wir unsere Sommerurlaube verbrachten. Atatürk als Büste, fünf Meter weiter Atatürk auf einem Pferd, dann Atatürk als Wandrelief, gefolgt von Atatürk als Schlüsselanhänger und Atatürk auf einer Luftmatratze.

Aber ich glaube, ich schweife etwas ab – ich wollte doch eigentlich ein bisschen von meiner Familie erzählen. Aber das sage ich Ihnen schon hier und jetzt: Ich habe viel Spaß an Umwegen und

Abschweifungen, das liegt bei den Aykanats in der Familie. Was meinen Sie, warum es sonst einen Türken nach Bayern und eine Bayerin in die Türkei verschlagen hat? Manchmal ist eben auch ein bisschen der Weg das Ziel. Denn wenn eine Reise dazu dient, sein Wissen zu erweitern, dann weiß man doch am Ende mehr, je länger der Weg war, oder nicht?

Aber nun wirklich zurück zum Thema: meine blonde, leicht errötende Großmutter. Ich weiß zwar wenig über meine Großmutter, aber das reicht für mich, um sie mir als Feministin vorzustellen. Mein Bild von ihr ist bestimmt zu einem Drittel wahr. Mindestens. Den Rest habe ich mir kreativ erarbeitet.

Sie muss für die damalige Zeit sehr fortschrittlich gewesen sein. Sie arbeitete im Agrarministerium in Ankara und war alleinerziehende Mutter, ihr erster Mann war schon früh gestorben. Von ihm hatte sie bereits einen Sohn. Für einen türkischen Mann war sie damit eigentlich verbrannte Erde.

Mein Großvater war trotzdem hinter ihr her wie der Teufel hinter der armen Seele. Ihre seltenen rotblonden Haare hatten es ihm angetan. Trotzdem dauerte es ewig, bis sie ihn erhörte.

Die goldene Atatürk-Münze war ihr einziges Schmuckstück. Sie schenkte sie zunächst meiner Mutter, die das Medaillon dann an mich weitergab. Dass ich eine türkische Oma bekam, habe ich dem Umstand zu verdanken, dass sich mein Vater, der zweite Sohn meiner Großmutter, nachdem sie meinen liebestollen Großvater endlich erhört hatte, in seinem Maschinenbaustudium in Ankara derart langweilte, dass er kurzerhand nach Deutschland auswanderte. Nein, halt! So schnell ging es dann auch wieder nicht.

Atalay Aykanat (wir werden noch erfahren, was dieser Nachname bedeutet), seines Zeichens mein Vater, setzte sich, nachdem er sein erstes Jahr an der Uni mit einer versauten Matheprüfung hinter sich gebracht hatte, in den Zug nach Istanbul, um seinen Onkel zu besuchen. Und während dieser langen Zugfahrt lernte er Holger aus Duisburg kennen, der den Lauf seines Lebens für immer verändern sollte.

Stundenlang unterhielten sich die jungen Männer auf dieser Zugreise. Türken wussten damals nicht viel über Deutschland und Deutsche kaum etwas über die Türkei. Irgendwie logisch. Deutsche machten damals noch keinen Urlaub in der Türkei, und Türken bekamen für Deutschland nicht mal ein Visum. In diesem Fall war Holger der Vielgereiste mit viel Wissen – das er großzügig mit meinem Vater teilte.

Holger unterbrach spontan seine Backpackingtour und verbrachte die nächsten Wochen mit meinem Vater und seinem Onkel in Istanbul. Mein Vater kehrte nie an die Uni in Ankara zurück. Stattdessen setzte er sich wieder in einen Zug. In ebenjenen Zug, den vor und nach ihm so viele Gastarbeiter genommen hatten, und fuhr nach München. Von da ging es weiter in den Ruhrpott. So weit, so klischeehaft.

Doch damit war es schon vorbei mit der »typisch« türkischen Biografie. Als ich meinen Vater einmal fragte, warum er eigentlich keine türkischen Freunde in Deutschland habe, sagte er überrascht: »Ich bin doch nicht Tausende von Kilometern mit dem Zug nach Deutschland gerattert, um mich dann in einem türkischen Viertel in Berlin mit meinen türkischen Freunden zu verschanzen!«

Mein Vater war also viel Gast und hat viel gearbeitet, aber zu einem Gastarbeiter, wie er hierzulande immer noch durch die Köpfe geistert, machte ihn das trotzdem nicht. Er lebte weder abgeschottet nur mit anderen Deutschtürken in bestimmten Stadtteilen, noch spricht er gar kein oder schlechtes Deutsch. Und Kfz-

Mechaniker oder Fabrikarbeiter? War er auch nie. Er war dafür alle möglichen anderen Dinge: Erst mal Schüler am Studienkolleg, wo er das deutsche Abitur machte. Und dann? Geologiestudent zum Beispiel. Und dann Pizzabäcker irgendwo im Ruhrpott. Anschließend machte er eine Ausbildung zum Bootsbauer am Ammersee bei München. Dann segelte er als Skipper die Mittelmeerküste der Türkei auf und ab, leitete eine Jachtbasis in Marmaris – und fand sich letztlich auf der anderen Seite in München wieder, wo er Jachturlaube an den Mann brachte.

Bei den Aykanats lief und läuft das Leben eben selten entlang klarer Linien ab. Stellen Sie sich eher eine etwas gefährliche kurvige Landstraße mit Schlaglöchern vor. Man nennt das auch die »Aykanat'schen Lebenskapriolen«.

So landete mein türkischer Vater also Ende der Sechzigerjahre in Deutschland und begann ein Studium an der Uni Duisburg-Essen. Deutsch lernte er, indem er sich jeden Abend mit fast deutscher Besessenheit die »Tagesschau« zu Gemüte führte. Meine Kindheit war davon geprägt, dass jeden Tag um 20 Uhr im Wohnzimmer Totenstille herrschen musste. Mein Vater: den Zeigefinger drohend auf dem Lautstärkeknopf der Fernbedienung.

Mein Vater entfloh der Enge des zentralanatolischen Hochlands. Meine Mutter der Enge der zentralkatholischen Oberpfalz. Das Ziel: die große Freiheit in München. Es wurde daraus ein bayerisch-türkisches Gemeinschaftsprojekt. Das Beste aus beiden Welten. Und das Ergebnis: eine Isartürkin. Oder eine Bosporusbayerin. Wie man es dreht und wendet, man landet bei einem Mischmasch der Kulturen, den ich immer als Vorteil betrachtet habe.

Gerade wird aber in Deutschland so getan, als gäbe es kein schlimmeres Schicksal, als halb Baklava, halb Brezn zu sein. Die

Identität! Die Loyalität zu Deutschland! Alles ganz problematisch. Ich fühle mich schon langsam wie Bruno der Problembär. Eigentlich bin ich einfach ein Bär, mein Bärsein kommt mir ganz natürlich vor, weil ich nun mal so auf die Welt gekommen bin. Aber vielen bin ich nicht mehr geheuer! Dabei ist es meist ziemlich lässig, ein Bär zu sein. Also eine Deutschtürkin, Türkeideutsche, Sie wissen schon.

Meine Eltern nannten mich allerdings: Deniz Aykanat. Da fängt dann doch die Misere an. Mit diesem Namen. Denn ich werde meistens Dennis oder Denise genannt. Manchmal auch Herr Asylant oder Frau Aykanak. Trotz des Namenschaos fahre ich mit diesen beiden Kulturen sehr gut durchs Leben. Meistens jedenfalls. Denn manchmal habe ich das Gefühl, ich gehöre zu einer seltsamen Spezies: der entspannte Wandler zwischen den Welten. Ich bin oft überrascht darüber, wie wenig die Menschen voneinander wissen, die Türken von den Deutschen und die Deutschen von den Türken. Aber selten bin ich frustriert und zerrissen.

Genau das wird aber den Deutschtürken gerade vorgehalten. Irgendwas stimmt doch mit denen nicht. Sonst würden die doch nicht alle Erdoğan wählen. Und diese Doppelstaatler mit türkischem und deutschem Pass, also die wissen doch gar nicht mehr, wer sie sind oder sein wollen! Deutsche oder Türken? Deshalb tragen die Frauen auch wieder alle Kopftuch, und total religiös sind die wieder geworden!

So mag es in den Köpfen vieler Deutscher vor sich gehen beim Thema Deutschtürken. Es gab eine Zeit lang ein Tauwetter, da sah es so aus, als wären die Türken die neuen Italiener. Schon noch irgendwie fremd, aber sie gehörten irgendwie dazu. Die meisten jedenfalls. Doch dann kam ein gewisser türkischer Präsident namens Erdoğan, es kamen einige Wahlen, bei denen die Türken in

Deutschland mit Vorliebe für die Abschaffung der Demokratie in ihrer alten Heimat stimmten, ein wieder aufgeflammter Kurdenkonflikt, ein Gedicht von Jan Böhmermann, in dem Erdoğan und Ziegen miteinander in Verbindung gebracht wurden, Terroranschläge, ein Krieg in Syrien mit vielen Flüchtlingen und zu guter Letzt noch ein Putschversuch und eine darauf folgende und nicht enden wollende Jagd auf alle in der Türkei, die gegen Erdoğan sind – inklusive deutscher Journalisten.

Spätestens seitdem läuft in der Beziehung zwischen Deutschen und Türken etwas gewaltig schief. Es scheint nur noch »wir« und »die anderen« zu geben. Aber wer sind »wir« und »die anderen«? Und zu wem gehöre ich eigentlich? Klischees zu bedienen ist beim Thema Deutschtürken wieder total in. Wenn ich mir die gängigen Bilder von Deutschtürken ansehe, dann frage ich mich aber, ob ich da irgendwie vergessen wurde.

Für eine Türkin bin ich wie gesagt zu blond, zu wenig gelenkig beim Tanzen, zu pünktlich. Zu schlecht ist mein Türkisch, zu wenig bin ich Gastarbeiterkind. Für eine Türkin habe ich zu wenig Kontakt zu meinen Nachbarn, ich habe zu wenige Tanten und Onkels, trage zu selten Kopftuch und kriege zu oft Sonnenbrand (vermutlich weil ich kein Kopftuch trage – sollte ich vielleicht öfter mal tun). Außerdem koche ich zu selten für zwanzig Mann.

Für eine Deutsche bin ich zu laut, mein Türkisch ist zu gut, mein Name zu komisch, mein Leben zu chaotisch, meine Steuererklärung immer zu spät. Meine österreichische Arbeitskollegin attestierte mir schon mehrmals, ich würde für eine Deutsche zu oft lachen. Also könne ich eigentlich gar keine Deutsche sein. Ja, was denn nun?!

Ja, was denn nun? Das werde ich oft gefragt, seit sich in der Türkei ein Präsident zum Alleinherrscher aufgeschwungen hat und sich Deutsche und Türken, Dürken und Teutsche und wie sie nicht alle heißen immer weniger grün zu sein scheinen. Oder stimmt das vielleicht alles gar nicht? Gibt es dieses »Wir« vielleicht gar nicht? Denn welche Gemeinsamkeiten haben Ali vom Dönerstand, Mehmet von der Sparkasse, Ayşe aus der Versicherung, Özlem vom Fitnessstudio und meine Wenigkeit, außer dass unsere Namen bei deutschen Beamten akute Legasthenie auslösen?

Kurz vor dem Verfassungsreferendum im April 2017, bei dem eine sehr knappe Mehrheit der Türken und eine ganz und gar nicht knappe Mehrheit der wählenden Türken in Deutschland für eine Abschaffung der Demokratie in der Türkei stimmten, war ich beruflich in Oberhausen. Mein Arbeitgeber, die *Süddeutsche Zeitung*, hatte mich in die dortige Mehrzweckhalle geschickt, damit ich vom Auftritt des damaligen türkischen Ministerpräsidenten Binali Yıldırım berichte. Der warb damals lautstark für die Verfassungsreform und dafür, sein eigenes Amt abzuschaffen und einen Großteil der staatlichen Macht in die Hände von Präsident Erdoğan zu geben.

Ich kam mir inmitten dieser Tausenden frenetisch jubelnden Deutschtürken so fremd und allein vor wie wohl noch nie in meinem Leben. So fremd kam ich mir vermutlich nur beim Familientreffen meiner mütterlichen Seite im tiefsten Bayern vor oder in diesem gottverlassenen Dorf in Vietnam, in dem sich die halbe Bevölkerung mit mir und meinem zwei Meter großen Mann fotografieren lassen wollte, weil sie weder in ihrem Leben so eine kasweiße[2] Frau noch einen so großen Mann gesehen hatte.

---

[2] Bairisch für Menschen, die mit wenig Melanin gesegnet sind.

Und trotzdem waren die Türkeideutschen und Deutschtürken, die da in Oberhausen lautstark jubelten, durchaus keine homogene rückwärtsgewandte Masse. Viele der Frauen trugen kein Kopftuch. Und diejenigen, die eines trugen, wirkten weder sittsam noch schüchtern. Viele von ihnen hatten zentimeterdickes Make-up im Gesicht, und ich musste bei den meisten nicht mal mein Türkisch auspacken, weil sie perfekt Deutsch sprachen. Also, abgehängte Importbräute waren das nicht. Auch sah ich weder scharenweise Autolackierer noch Gemüsehändler.

Und trotzdem einte sie alle etwas, das mich meilenweit von ihnen entfernte: Sie fanden gut, was gerade in der Türkei passiert. Sie fanden gut, dass ein Mann alle Macht an sich reißt. Und das soll nun meine Peergroup sein? Mit denen gehöre ich also, wenn es nach so manchem Politiker geht, »in einen Topf«? Wohl kaum. Ich hätte damals statt bei Yıldırım in Oberhausen auch beim Parteitag der Autofahrer- und Steuerzahlerpartei zwischen lauter 60-jährigen Audifahrern stehen können, ich wäre mir nicht weniger fremd vorgekommen. Und wie vielen anderen Türken in Deutschland mag es da genauso gehen wie mir?

Aber vielleicht gibt es doch ein paar Gemeinsamkeiten? Die Marotten typisch türkischer Väter zum Beispiel, was die Versorgung ihrer Familie mit Lebensmitteln angeht. Oder dass Deutschtürken ihre Sommerferien grundsätzlich in der Türkei verbringen und sich deshalb, wie Sie noch erfahren werden, sehr früh mit Inflation auskennen. Gerade befindet sich die türkische Lira ja auch wieder einmal im Keller. Und – vielleicht am wichtigsten – was Deutsche von ihren Türken lernen können: Die deutsche und die türkische Kultur passen eigentlich verdammt gut zusammen. Man muss nur genauer hinschauen – denn es gibt viel mehr über Deutschtürken zu erzählen als Geschichten von zwangsverheirateten Mädchen, Gemüsehändlern und BMW fahrenden Schwörern.

Es wird Sie bei der derzeitigen Presse über Deutschtürken und die Türkei überraschen, aber es lebt sich mit diesen beiden Kulturen eigentlich verdammt gut. Manchmal liefern sie sich zwar wie Teufelchen und Engelchen auf meinen Schultern einen Ringkampf, aber meistens sitzen sie einträchtig da, lassen die Beine baumeln und schütteln belustigt den Kopf.

Und in den Augenblicken, in denen die Gemeinsamkeiten aufhören, merke ich, wie mir die eine Kultur Lösungen bietet für Probleme, für die mir in der anderen Kultur partout kein Ausweg eingefallen ist. Denn »anders« heißt nicht immer schlechter. Es heißt natürlich auch nicht immer »besser«, aber manchmal eröffnet »anders« eben einfach neue Perspektiven – und dafür bin ich sehr dankbar. Sie werden in diesem Buch so einige Beispiele für den gelungenen Austausch zwischen den beiden Kulturen finden – und genauso unterhaltsame Beispiele dafür, wenn dieser Austausch misslang. Davon muss man sich ja auch nicht unterkriegen lassen. Manchmal hilft es schon weiter, wenn man lernt, den anderen besser zu verstehen. Dann braucht man auch keine Vorurteile mehr. Und mal ehrlich: Irgendwie hat es immer schon geklappt …

Mit dieser Gewissheit lebte ich jahrelang. Jahrelang bediente ich mich aus beiden Welten wie in einem deutsch-türkischen Tante-Emma-Laden mit Dutzenden von Dosen voller saurer Cola-Kracher, Schokoküsse, Pistazien-Halva und klebrigem Lokum. Für mich ein Paradies. Zweimal Heimat. Dahoam und Haymat.[3]

Bis ich das erste Mal in München auf eigene Faust eine Wohnung suchte und feststellen musste, dass nicht alle Menschen

---

[3] Deutschtürkisch für »Heimat«.

einem deutsch-türkischen Dasein etwas abgewinnen können. Schon gar nicht einem türkischen Namen, einer türkischen Mieterin. Mit Kopftuch womöglich noch! Ja pfiati Gott!

Es ist eben eine abenteuerliche Reise, dieses deutsch-türkische Dasein. Eine Reise, nach der man sehr viel mehr weiß als vorher – ob man will oder nicht.

Ich nehm Sie ein Stück mit – fangen wir doch gleich mit meiner Wohnungssuche an. Wir schreiben das Jahr 2010 …

2

DENIZ/-S/-SE WER?

Passt sich die Zeit dir nicht an,
so passe du dich der Zeit an.

ZAMAN SANA UYMAZSA, SEN ZAMANA UY.

Heute bin ich also Herr Dennis Eierkanat. Das teilt mir meine Haftpflichtversicherung netterweise in der Jahresabrechnung per Brief mit.

Ich stehe ratlos vor meinem Briefkasten, vor zwei Wochen war ich noch eine Frau. Frau Denzel Aykanak zwar, wie auf dem Schreiben des Münchner Kreisverwaltungsreferats stand, aber immerhin. Ich war auch schon Herr Denzi Aykak, Herr Denzel Ayzakat, Frau Deniz Asylant oder oft einfach nur: Dennis. Wie »Dennis, der Quälgeist« aus der US-Serie. Ein nervtötender kleiner Junge, der seinen Nachbarn in den Wahnsinn treibt.

»Frau Eikant!«, schreit mir plötzlich unsere Nachbarin Frau Fischer ins Ohr. Ich erschrecke mich zu Tode und weiche einen Schritt zurück. Frau Fischer, 70 Jahre alt, hat eine frische Föhnwelle und trägt ein geblümtes Kostüm aus dem vorigen Jahrhundert. Ihre blitzblanken Dritten schiebt sie mit dem Unterkiefer unaufhörlich vor und zurück.

Oh nein, denke ich, das kann ja jetzt heiter werden. Frau Fischer ist in meiner Nachbarschaft eine lebende Legende: Sie hat bisher jeden, wirklich jeden ihrer Nachbarn aus den unterschiedlichsten Gründen verklagt. Nur die Aykanats nicht. Also für Frau Fischer die Eikants. Die Müllers unter uns mussten wegen Rauchens auf dem Balkon dran glauben. Die Höfners, weil der Sohn den Fernseher nach 22 Uhr zu laut machte.

»Wissen's was, Frau Eikant«, kommt Frau Fischer gleich ohne Umschweife zum Thema. »Jetzt kauf' ich mir die Türken da oben!« Sie meint ein tunesisch-türkisches Paar im dritten Stock, das gerade erst eingezogen war und ein Baby bekommen hatte.

»Kinderwägen neben den Briefkästen abstellen ist nämlich verboten!« Ich schaue verwirrt neben mich und sehe einen säuberlich zusammengefalteten Kinderwagen in einer Ecke neben den Briefkästen, in der sonst weggeworfene Supermarkt-Prospekte liegen. »Grad war ich beim Anwalt. Die Türken, die lernen das sonst nicht anders. Das hier ist ein ordentliches Haus!«, plärrt Frau Fischer.

Ich will ihr gerade sagen, dass sie mal lieber in ihrem eigenen Oberstübchen aufräumen soll und dass ihr gerade eine waschechte Isartürkin gegenüber steht, da packt sie mich plötzlich am Arm und zieht mich ganz nah an ihr Gesicht. »Mei, Frau Eikant, wenn die hier doch alle so wären wie sie«, säuselt Frau Fischer plötzlich.

»So ein nettes Madl und so eine nette Familie. Sie sind ja von hier. Nicht wie die Türken da oben!« Dass wir dafür »die Türken da unten« sind, ahnt Frau Fischer nämlich, wie Sie vermutlich bereits gemerkt haben, nicht. Unser Klingelschild kann sie mit ihren schlechten Augen nicht entziffern, für sie sind wir einfach die Eier-Familie. Und wie Türken sehen wir für Frau Fischer auch nicht aus … Ich überlege kurz, ob ich meine genetisch bedingte Tarnung aufgeben und Frau Fischer grundsätzliche Dinge über »von hier« und »da oben« erklären soll, fürchte aber, dass die 70-jährige Frau Fischer dann einen Herzinfarkt erleiden könnte.

Aussehen und Name passen bei mir eben einfach nicht zusammen. Nur so lässt sich erklären, dass ich acht Jahre lang unter einer männlichen Sozialversicherungsnummer registriert war. Ich wäre vermutlich immer noch ein Mann, wenn dieser Umstand meinem neuen Sachbearbeiter bei der Krankenkasse nicht aufgefallen wäre.

Nun will ich den deutschen Behörden aber nicht unterstellen, ganz besonders ignorant zu sein. Ich habe es nicht mit einem rein deutschen Problem zu tun, denn auch in der Türkei ist Deniz ein Unisexname. Nur, in der Türkei weiß einfach jeder, dass Deniz ein Junge oder ein Mädchen sein kann.

Ich hingegen sah mich in jedem neuen Schuljahr am ersten Schultag aufs Neue einem verwirrt dreinblickenden Klassenlehrer gegenüber. Auf das »Wo sitzt denn der Deniz?« folgte stets eine Suchaktion durchs Klassenzimmer: Irgendwo muss hier doch was Türkisches sitzen … wo ist denn das Kopftuch? Oder der da hinten vielleicht? Das sieht doch ansatzweise nach Adlernase aus. Oder gibt's hier zumindest irgendwo verfrühten Bartwuchs?

Nichts. Nur ein blasses rotblondes Mädchen, das unbeirrt die Hand hob.

In Deutschland glauben eben viele immer noch, dass alle Türken Adlernase, Kopftuch und Monobraue tragen. Ich hingegen – blond, fast durchsichtig, gar keine Augenbrauen – bin quasi undercover unterwegs. Den alltäglichen Rassismus kann ich zwar beobachten, bekomme ihn aber nie direkt ab.

Hier und da muss ich einer Freundin erklären, dass die Frau mit Kopftuch, die ihr gerade mit ihrem 3er-BMW die Vorfahrt genommen hat, kein »verdammter Mullah« ist. Und dass »Aber du bist ja anders« ein saudummes Argument ist. Auch von Pseudoanerkennung wie »Du sprichst aber gut Deutsch« bleibe ich verschont. Und ich komme mit Fremden immer schnell ins Gespräch (Bist du adoptiert? Ist das deine echte Haarfarbe?).

Nur dieser Name. Meine Eltern haben einfach nicht richtig nachgedacht, als sie ihn vor vielen Jahren ihrer Tochter zudachten. Daran zum Beispiel, dass keine deutsche Behörde ihn jemals richtig schreiben wird. Und ist es in Deutschland nicht vorgeschrieben, dass man anhand des Vornamens zweifelsfrei das Geschlecht des Kindes erkennen kann? Tja …

Vor allem aber dachten sie nicht daran, dass man – wenn man Deutschen denn die korrekte Aussprache irgendwie doch noch beibringen will – leider auf das Wort »Penis« zurückgreifen muss. Exakt darauf reimt sich Deniz in der richtigen Intonation nämlich.

Dabei steckt hinter Deniz mitnichten ein Geschlechtsteil. Deniz bedeutet wortwörtlich »Meer«. So wie die meisten türkischen Namen einfache Wörter des täglichen Gebrauchs sind: »Yıldız« zum Beispiel (»Stern«) oder »Can« (»Seele«). Daneben gibt es noch die religiösen Namen und die historischen: »Ayşe« (die jüngste Frau des Propheten Mohammed) oder »Süleyman« (Sultan des Osmanischen Reichs).

Türkische Namen funktionieren nach dem Prinzip »Nomen est omen«. Sie sollen in der Türkei eine Art Motto für das Leben des neuen Menschen bestimmen. Ayşe wird hoffentlich mal fromm und sittsam, Yıldız schön wie ein Stern, Süleyman bringt es beruflich zu etwas, und Can wird bestimmt mal kein misanthropischer Klotz.

Warum meine Eltern meinen Bruder dann Attila nannten, nach dem legendären Hunnenkönig, ist mir aber bis heute schleierhaft. Ihnen selbst vermutlich auch. Ich vermute, dass mein Vater ein wenig zu glücklich darüber war, dass sein erstgeborenes Kind ein Sohn ist (sehr wichtig in der Türkei) und meine Mutter sich nach den stundenlangen Wehen dachte: Na, wenn schon, denn schon.

Ihren Sohn Attila zu nennen wirkte stattdessen aber eher so, als hätten meine Eltern ein Pharaonengrab geöffnet und damit unwiderruflich einen Fluch befreit. Der Fluch des Attila wird uns noch öfter beschäftigen in diesem Buch.

Als mein unbesiegbarer Bruder gerade endlich der Pubertät entwachsen und ausgezogen war, da zog in der Wohnung über uns am Münchner Partnachplatz eine algerisch-türkische Familie mit zwei kleinen Jungs ein. Die beiden spielten oft mit ihrer Mutter im Sandkasten neben dem Haus, und einer der Jungs machte einen solchen Rabatz, dass meine Mutter instinktiv aufhorchte. Das konnte doch nicht etwa … »Attila, hör sofort auf, deinem Bruder Sand ins Gesicht zu werfen!«, hörte sie unsere neue Nachbarin brüllen. Nomen est omen eben. Seitdem grüßt meine Mutter sie immer besonders freundlich, wissend und mitleidend von Attila-Mutter zu Attila-Mutter.

Meinen Namen suchte mein Vater aus, während er in einem Schiffsmast hing. Als ich das Licht der Welt erblickte, leitete er gerade einen kleinen Jachthafen in Marmaris, einem damals noch kleinen türkischen Örtchen in der Provinz Muğla am Mittelmeer. Meine Mutter, eine deutsche Krankenschwester, traute der dortigen Dorfklinik aber nicht und wollte mich lieber in Deutschland bekommen. Hochschwanger bugsierte sie mich und sich auf eine Fähre nach Griechenland, von dort ging es weiter nach München.

Als die Kunde von meiner Geburt wieder zurück zur Schiffsbasis in Marmaris und hoch zu meinem in den Takelagen hängenden Vater drang, traf es ihn offenbar wie ein Blitz: die Tochter eines Seemanns! Meer! Na klar!

Diese Geschichte und die Peniseselsbrücke sind mittlerweile meine ersten Mittel der Wahl, wenn ich meinen Namen erklären muss: also immer. Schiffsmastengeschichte für neue Chefs, bei Vorstellungsgesprächen und Behörden. Peniseselsbrücke bei Gleichaltrigen, in der Disco und bei allen anderen, wenn ich schon zu viel getrunken habe.

Leider funktionieren die Geschichten entweder nur bei Deutschen (Penis, deutsch ausgesprochen) oder Europäern (Türkei, Land am Mittelmeer, schon mal gehört). Als ich für ein paar Monate in Australien wohnte, halfen weder türkische Schiffsmasten noch deutsche Geschlechtsteile. Mein Name verwirrte meine chinesische Mitbewohnerin einfach so sehr, dass ich entnervt aufgab und ihr anbot, mich einfach Anna zu nennen. So hieß meine Uroma, Anna ist mein zweiter Name.

Dabei war meine deutsch-türkisch-chinesische WG ohnehin so einiges gewohnt, was Namen anging. Meine Mitbewohnerin nannte sich Jane. Ihr wirklicher Name bestand aus drei Wörtern mit vielen Ypsilons, das traute sie den Australiern nicht zu. Ihre Wahl fiel auf Jane, weil »Tarzan und Jane« (die Zeichentrickversion von Disney) der erste westliche Film war, den sie im Kino gesehen hatte.

Ihre Schwester nannte sich Rita. Sie fand, dass das herrlich deutsch klang, und deutsche Frauen waren für unsere chinesische Rita der Inbegriff an Schönheit und Anmut.

Ich verriet ihr nicht, dass bei uns in Deutschland unter dem Namen »Rita« eine sehr erfolgreiche Sitcom über eine Mittvierziger-Supermarktkassiererin in Kittelschürze und mit Achtzigerjahre-Bumspalme auf dem Kopf lief. Jane, Rita und Anna also.

Die wirkliche Herausforderung ist aber eigentlich gar nicht mein erster Name, sondern mein dritter: »Nebahat«, nach meiner türkischen Großmutter, der rothaarigen, Sie wissen schon. In deutschen Ohren klingt das wie Eberhard. Im Türkischen hat er aber eine schöne Bedeutung, nämlich »Ehre und Ruhm besitzend«. Aber wer weiß das schon. Der erste Eindruck – oder besser: Klang – zählt.

Ich hüte meinen dritten Namen deshalb normalerweise wie ein schlimmes Familiengeheimnis. Deniz ist schon Herausforderung genug. Dummerweise bekommen Menschen und Freunde immer wieder mal meinen Pass oder Perso in die Hände. Diese Menschen nennen mich seitdem Hardy. Ich glaube, das ist noch schlimmer als ein Name, der sich auf Penis reimt.

Auf meinem neuesten Behördenbrief aber mal nichts mit Hardy und Geschlechtsteilen. Dafür Nachname plus irgendwas mit Eiern: Eierkanat. Ich bin immer wieder erstaunt, wie kreativ deutsche Briefeschreiber sind. Sie lassen sich seit Jahren immer wieder Neues einfallen. Ich knüllte den Brief der Versicherung in die Manteltasche und legte meinen täglichen Sprint zur U-Bahn hin. Pünktlichkeit ist eher auf der türkischen Seite meiner Seele angesiedelt, aber an diesem Tag durfte sie auf keinen Fall die Oberhand gewinnen. Ich würde mich mal wieder der größten Herausforderung stellen, die einer Isartürkin widerfahren kann: der Wohnungssuche in München.

Es war nicht meine erste Zimmerjagd in meiner Heimatstadt, und deshalb wusste ich, dass ich da nicht als Deniz Aykanat oder Frau Aykanak aufzukreuzen brauchte. Da könnte ich mich auch gleich Crackpfeife rauchend und mit einer Schufa-Auskunft wedelnd, die mir Zahlungsunfähigkeit bescheinigt, vorstellen.

So schlimm?

Ja!

In München sowieso … und erst recht, wenn der Name Deniz

Aykanat lautet. Aykanat bedeutet übrigens »Flügel des Mondes«. Es gibt schlimmere Namen. Man könnte ja auch Kreissäge heißen. Oder Ramsch. Aber bei Aykanat beginnt bei Münchner Vermietern offenbar ein Kopfkino, das an Tatort-Folgen mit Titeln wie »Der Wüstensohn« oder »Wem Ehre gebührt« erinnert: von Ehrenmorden, Terroristen oder lauten Großfamilien, die ständig kochen. Letzteres ist für Vermieter das schlimmste Szenario. Dabei habe ich, wie Sie noch feststellen werden, die vermutlich kleinste und damit untypischste türkische Familie der Welt. Ich habe nicht mal Cousins!

Ich bereitete mich also mit peniblem deutsch-türkischen Method-Acting auf die nächste Wohnungssuche vor. Voilà: Ich war Anna Graf. Der Name meiner Urgroßmutter plus Mädchenname meiner Mutter. Das ist nur halb gelogen, fand ich. Ich legte mir außerdem sogar eine neue E-Mail-Adresse zu: anna.graf@gmx.de. Wie sagt doch das türkische Sprichwort so schön: »Passt sich die Zeit dir nicht an, so passe du dich der Zeit an.«

Eine Woche lang machte ich pedantisch nur Dinge, die ich für wahnsinnig deutsch halte. Natürlich war das zu einem großen Teil Blödsinn – aber wenn sich Vermieter nun mal ganz dem Klischee hingaben, dann hatte auch ich das Programm voll drauf. Und meine Erfahrungen als kasweiße Halbtürkin im Sommerurlaub haben Ihnen ja schon gezeigt, dass der Mensch auch den blödesten Klischees aufsitzt. Hier also meine deutschen: Ich ging nicht tanzen, telefonierte mit niemandem aus meiner Familie und war pünktlich wie die Stechuhr. Beim Kaffeetrinken mit meinen Freunden beharrte ich auf getrennten Rechnungen, anschließend ging ich zu einem Rockkonzert, wo ich am Rand rumstand und fernab jeglichen Taktgefühls mit dem Fuß wippte. Einmal ging versehentlich die Türkin mit mir durch, und ich klatschte synkopisch mit. Ich trank täglich eine Halbe am Abend und reagierte nicht mehr, wenn mich jemand »Deniz« rief. Auch nicht bei »Dennis« oder »Denise«, meinen zwei »Reaktionsnamen«.

Was die äußere Erscheinung angeht, bin ich sowieso das personifizierte Method-Acting. Da kann mir niemand etwas vormachen. Wie Sie wissen, trage ich weder Monobraue noch Adlernase noch Kopftuch. Und dass meine Haare so blond sind, dass ich beim Bund Deutscher Mädel wahrscheinlich sofort den Ehrenvorsitz bekommen hätte, habe ich Ihnen bereits erzählt. Und da der Mensch sich eben gerne von Äußerlichkeiten leiten lässt, baute ich darauf, dass eine Halbtürkin, die in der Sonne rot wird wie gekochter Hummer und zur Begrüßung brav »Servus« sagt, einen Münchner Vermieter schon von sich überzeugen würde.

Mit der neuen E-Mail-Adresse trudelten auch endlich die Bestätigungen zur Wohnungsbesichtigung ein. Ich war absolut zuversichtlich, dass mein genialer Plan aufgehen würde. Und bei all der Euphorie vergaß ich gleich mal, dass ich irgendwann ja wieder zu meiner wahren Identität als Deniz Aykanat zurückkehren musste. Spätestens dann, wenn ich meinem potenziellen Vermieter von der Selbstauskunft über den Gehaltsnachweis bis zur Krankenakte mein gesamtes Privatleben vorzulegen hatte.

So stand ich also bald vor einem hübschen Gründerzeithaus im Schlachthofviertel von München, und plötzlich kamen die Bedenken. War das wirklich so eine fantastische Idee mit Anna Graf?

Ein Herr Mitte vierzig in Anzug und Krawatte machte mir die Tür auf, Typ Versicherungsvertreter gekreuzt mit Hipster in Hornbrille. Er hakte meinen falschen Namen auf einer Liste ab. Drinnen tummelten sich schon wie die Geier vier Pärchen und fünf Singles, die alle aussahen, als wären sie einem Ikea-Katalog entsprungen.

Ha! Anfänger! Viel zu schwedisch, viel zu Pressspanplatte. Ich war nämlich schon eine Evolutionsstufe der Zuverlässig- und Spießigkeit weiter und sah aus, als wäre ich einem Segmüller-Prospekt entsprungen. Karottenhose (die echte, nicht die Hipsterversion!) und schlammgraue Funktionsjacke. Und dementsprechend verhielt ich mich auch.

Ich bewegte mich solide-behäbig durch die Wohnung, als hätte ich gerade im Segmüller'schen Mottorestaurant ein XXL-Schnitzel vom deutschen Mastschwein für 3,99 Euro verzehrt. Wie ein Holzklotz platzierte ich mich auf dem Sofa, schlug die Beine übereinander und füllte wie nebenbei die Selbstauskunft aus, als wäre das jetzt nur ein lästiger Zwischenschritt auf dem Weg zum sicheren Mietvertrag.

Mit Anna fahre ich noch ganz gut, dachte ich, das ist immerhin tatsächlich mein zweiter Name. Aber wie zum Teufel werde ich jetzt Aykanat los? Eine Persokopie musste ich ja auch noch abliefern.

Ich war bereit, dem Herrn mit Krawatte die Story vom Pferd zu erzählen – nur fiel mir ums Verrecken keine ein. Die Idee, mir Verbindungen zur bayerischen Brauereidynastie Aying anzudichten (klar, durch Lautverschiebungen zu Aykanat geworden!) und Deniz auf geistige Umnachtung meiner Eltern zurückzuführen, die mich eigentlich Denise hatten nennen wollen, sich aber beim Standesamt versehentlich verschrieben hatten, verwarf ich, weil zu absurd.

Also füllte ich den Fragebogen einfach wahrheitsgemäß aus und reichte dem Hipsterversicherungsvertreter einfach meine Unterlagen, während ich debil und schicksalsergeben lächelte. Krawatte lächelte auch.

Sein Lächeln erstarb allerdings beim ersten Blick in die Unterlagen, und er sah mich an, als hätte ich ihm ohne Vorwarnung etwas ziemlich Widerliches in die Hand gedrückt.

»Na wia schaut's aus? Ois do?«, versuche ich die Situation zu retten, doch ich höre aus dem Mund der Krawatte nur »Lüge!«, »Vertrauensverhältnis!« und »Wer und wo ist Anna Graf?!«

Ich lief so rot an, wie es nur eine Türkin mit zu dünner Haut und tscherkessischen Vorfahren kann, und verließ schnurstracks die Wohnung.

Die weiteren Besichtigungen liefen besser: kein Geschrei, nur verwirrtes und misstrauisches Glotzen der Vermieter.

Ich war kurz davor aufzugeben und wahlweise wieder bei meinen Eltern oder in eine schimmelige Bruchbuden-WG über einem Striplokal am Hauptbahnhof zu ziehen. Gleich daneben residiert immerhin der türkische Supermarkt meines Vertrauens. Dann ließ ich mich aus reiner Sportlichkeit aber doch noch auf einen letzten Besichtigungstermin ein.

Ich fand mich in einer Einzimmerwohnung wieder, Schuhschachtel halte ich allerdings für die treffendere Bezeichnung. Dieses Mal war mir alles wurscht. Ich trug Haremshosen, um den Hals ein türkisches Auge, das vor dem bösen Blick schützt (falls mich wieder eine Krawatte anfällt), und hatte die Gehaltsnachweise meiner bürgenden Eltern vergessen. Außerdem war ich eine halbe Stunde zu spät.

Trotzdem begrüßte mich eine junge Frau mit Babybauch und einer roten Lockenexplosion auf dem Kopf mit breitem Grinsen. »Hallo, ich bin die Vermieterin. Ich heiße so«, sagte sie und hielt mir eine Visitenkarte vors Gesicht. Ich versuche aus einem Meer an »ski«, »sz«, »zs«, Akzenten und durchgestrichenen Buchstaben etwas zu entziffern. »Frau Ähhhhh…«, begann ich das Gespräch, da unterbrach sie mich auch schon: »Ach, das ist polnisch, kann eh keiner aussprechen. Nennen Sie mich einfach Ewa.«

Für ein paar Minuten blieb mir die Spucke weg. So muss es sich für Buddhisten anfühlen, wenn sie drei Jahre lang meditierend unter dem richtigen Baum gesessen haben, und dann endlich die Erleuchtung um die Ecke biegt.

Ich lachte wissend und etwas zu altklug für mein Alter. Dann erklärte ich Ewa, dass ich weiß, wovon sie spricht – und dass sich mein Name auf Penis reimt. Es war der Beginn einer großen Freundschaft.

3

AUTOSCHAU

Hintam Berg san a no Leit.

Heute also ein Porsche. Mein Vater sitzt in einem noblen knallroten Schlitten und zuckelt die Landstraße von Inning am Ammersee nach Starnberg entlang. Es sind die frühen Achtzigerjahre. Mit seiner silbernen Nickelbrille, dem roten Rauschebart und den halblangen nussbraunen Haaren sieht er aus wie John Lennon in Reserve.

Mein Vater kurvt durch die sanft hügelige Landschaft nach Starnberg hinein. Der See blitzt immer wieder zwischen den Häusern auf. Man blickt meinem Vater hinterher, als er durch die Einkaufsstraße gleitet. Starnberg ist heute einer der teuersten Landstriche Deutschlands und war auch damals bereits auf gutem Weg dorthin. Selbst die operierten FC-Bayern-Gattinnen, die Chefärzte aus München, die geschleckten Anwälte schauen auf, als er dahergebraust kommt. Geht definitiv besser als der BMW gestern, denkt sich mein Vater. Der war schon ganz schön behäbig, wenn auch vom Sitzen her ziemlich komfortabel.

Geschmeidig fährt er die Auffahrt des Starnberger Kreiskrankenhauses hinauf und bleibt mit quietschenden Reifen direkt vor dem Eingang stehen. Durch den Luftschwall öffnen sich die automatischen Schiebetüren, doch mein Vater denkt gar nicht daran, aus diesem Traum von einem Auto auszusteigen.

Bei laufendem Motor entfaltet sich nun eine Szene wie aus »Miami Vice«. Zumindest stelle ich es mir im Nachhinein so vor. Also Action: Mit dem Autotelefon ruft er lässig auf Station an. Also er versucht es zumindest. »Canımı sıkma! Kreuzkruzifix noch mal!«, flucht er auf Türkisch und Bairisch. »Canımı sıkma« bedeutet übrigens »Quetsch meine Seele nicht!«, was so viel wie »Nerv mich nicht!« heißt.

Er versucht, das briefkastengroße Ding aus seiner Halterung an der Mittelkonsole zu ziehen. Das gekringelte Kabel verheddert sich am Schaltknüppel. Der Hörer fällt herunter, mein Vater flucht noch lauter, während er in den Fußraum kriecht. »Ich mach Dings aus dir … Hackfleisch!«, zischt er den Telefonhörer an. Endlich hat er ihn. Halb im Auto liegend wählt mein Vater die Nummer des Krankenhausempfangs, dabei tutet jede Taste in einem anderen schrillen Ton. Dann – eine gefühlte Ewigkeit später – der Freiton. Schließlich hebt jemand ab. »Kreiskrankenhaus Starnberg, Schwester Claudi am Apparat.«

Pause, keiner sagt etwas.

»Hallo?«

»Ja, Atalay Aykanat hier, ich bin der Mann von Schwester Michi … äh Michaela.«

»Michaela … hmmm … meinen Sie diese Frau Eierkanat?«

»Wenn meine Frau Eier hätte, wäre sie mein Mann.«

»Äh, wie bitte?«

»Ach egal, Dings, sagen Sie ihr bitte, dass ich jetzt da bin. Ich warte am Eingang auf sie … der rote Porsche.«

»Oh.«

»Ja, jetzt aber dallidalli, ich steh im Halteverbot!«

Als meine Eltern frisch verheiratet waren, zogen sie in einen kleinen Ort im Starnberger Land in der Nähe von München. Meine Mutter hatte im Krankenhaus in Starnberg eine Stelle bekommen, und die Kolleginnen begegneten dieser neuen »Schwester Eierkanat« mit Misstrauen. Verheiratet mit einem Türken, o weh. Die Bewohner von Starnberg waren höchstens ausländischen Fußballstars des FC Bayern München gegenüber wohlgesinnt, die rund um den Starnberger See protzige Villen an den Hängen der sanft ansteigenden Hügel bezogen. Aber dass es jenseits des Weißwurstäquators, also »hintam Berg a no Leit«, gibt, ja, nun ja … das ahnte man zwar, fürchtete es gar, aber dass diese Leute auch noch von hinterm Berg hervorkommen und eine der Ihren heiraten: Gott bewahre!

Die Kollegen meiner Mutter waren allerdings nicht die Ersten und beileibe nicht die Einzigen, die skeptisch auf diese Verbindung von Bayerin und Türke reagierten. Meine bayerische Oma war auch nicht gerade begeistert. »Ein Türke, ein Moslem!«, war ihre erste Reaktion. Das war so weit von ihrer Lebenswirklichkeit entfernt wie Timbuktu von Riedenburg, dem kleinen Städtchen, in dem meine Mutter aufgewachsen war und das heute im Regierungsbezirk Niederbayern liegt. Damals gehörte es aber zur Oberpfalz, und wenn man weiß, dass meine Oma Bairisch nicht sprach, sondern bellte, dann weiß man: Riedenburg kann verdammt oberpfälzisch sein. Aber das nur am Rande.

Für meine Oma war es schon einer mittelschweren Katastrophe gleichgekommen, dass ihre beiden Töchter diese oberpfälzische Heimat verlassen hatten und die eine nach Berlin, die andere nach München gezogen war. Das war schon verdammt weit »hintam Berg«. Mein Opa, also ihr Mann, war schon gestorben, da war meine Mutter erst 14. Ihre Schwester war da längst in Gelsenkirchen, ein kurzer Abstecher, bevor es sie nach Berlin verschlug.

Meine Oma stammte aus einer Bauernfamilie in einem kleinen Dorf in der Nähe von Riedenburg. Als ich damals als Fünfjährige zum ersten Mal in Riedenburg war für das große Familientreffen der Sippschaft Graf, konnte ich mir überhaupt nicht vorstellen, dass es etwas noch Kleineres geben könnte.

Schon als junges Mädchen wurde meine Großmutter zur Arbeit aufs Feld geschickt oder zum Putzen in andere Haushalte. Zur Schule ging sie nur wenige Jahre. Sie konnte kaum schreiben und lesen. Nachdem mein Opa gestorben und meine Tante nach Gelsenkirchen geflüchtet war, kümmerte sich meine Mutter um die wichtigsten Angelegenheiten im Haushalt Graf. Eine zentrale Aufgabe bestand darin, die Bibelabos, die sich meine Oma jede zweite Woche an der Haustür aufschwatzen ließ, zu kündigen.

Apropos Bibeln: Wie die meisten Menschen in dieser Gegend war meine Oma natürlich katholisch. So richtig alte Schule katholisch. Der Pfarrer galt noch was, man glaubte an das Fegefeuer und ging selbstverständlich jeden Sonntag in die Kirche. Oder schickte die Kinder, die man direkt danach über die Predigt abfragte. Wenn sich meine Mutter oder Tante in der Schule eine Watschn abholte, dann löste das bei ihnen zu Hause wenig Entrüstung aus. Die Schulschwestern oder der Pfarrer, der den Religionsunterricht abhielt, werden schon recht gehabt haben.

Meine Oma traf zwar fast der Schlag, als sie hörte, dass meine Mutter einen Türken heiraten würde, aber was sollte sie schon gegen ihre starrköpfigen Töchter ausrichten. Die taten eben, was sie wollten.

Und es gab ein Event in der Graf'schen Familie, das die Ehe meiner Mutter mit einem Moslem absolut in den Schatten stellte:

Eine Cousine meiner Mutter heiratete einen Protestanten! Das rangierte auf der hiesigen katholischen Todsündenskala noch vor der Verbindung mit Mitgliedern anderer Religionen. Protestanten, zumal deutsche, von denen konnte man erwarten, dass sie es besser wissen! Das Wort »Ökumene« war auch Anfang der Achtzigerjahre noch nicht bis in die Untiefen Bayerns vorgedrungen. Oder man ignorierte es geflissentlich. Jedenfalls: Türke beziehungsweise Moslem: ganz schlimm. Aber Protestant: ganz ganz ganz ganz enorm schlimm.

Über Tante Hilde, eine Cousine meiner Großmutter, wird gar gemunkelt, dass sie den wenigen Abtrünnigen in ihrer weiteren Nachbarschaft schon mal im Stile des Ku-Klux-Klans nachts heimlich brennende Kreuze in den Vorgarten gestellt haben soll. Bewiesen ist das nicht. Ich sah Tante Hilde ein einziges Mal in meinem Leben, auf besagtem Familientreffen in Riedenburg. Sie sah verdammt böse aus. Aber vielleicht lag das auch nur daran, dass sie eine riesige hexenartige Warze auf der Nase hatte und für mich als Fünfjährige bei diesem Familientreffen alle meine Verwandten, einschließlich der Kinder, wirkten, als würden sie dieses Mädchen mit dem komischen Namen gleich fressen wollen. Wenigstens war ich »nur« ungetauft und nicht auch noch am evangelischen Ufer gelandet.

Moslems auf der anderen Seite, ja, das war schon fremd und komisch und nicht gerne gesehen, aber eben auch völlig anders. Mehr »hintam Berg« war nur China. Meine Oma war ja schon vom türkischen Essen, das meine Mutter, seit sie meinen Vater kannte, mit Vorliebe kochte, befremdet. Für sie war das alles eine andere Welt – in die sie nun immer mehr eintauchte, denn als es meiner Großmutter nicht mehr so gut ging, holte meine Mutter sie zu uns, in unseren kleinen Ort im Starnberger Land.

Um die unorthodoxe Wahl meiner Mutter zu kompensieren, wandte meine Großmutter so einige Tricks an. Plötzlich wollte sie zum Beispiel trotz fortgeschrittener Gebrechlichkeit unbedingt jeden Sonntag mit meinem eineinhalbjährigen Bruder in die Kirche gehen. Und zwar unbedingt alleine! Oma-Enkel-Bonding und so. Der Junge sollte abgesehen von seinen abgedrehten Multikultieltern ja auch noch was Vernünftiges mit auf den Weg bekommen.

Jeden Sonntagvormittag packte meine Oma sich und meinen Bruder zusammen und kutschierte ihn im Buggy in die Kirche im Ort – in den klebrigen Händen hatte mein Bruder meistens eines von Omas ausrangierten technischen Geräten, die er bis zur vollständigen Zerstörung zerlegen durfte. Oma erlaubte ihm alles! Wie alle Omas das von Istanbul bis Ingolstadt eben tun. Die Leute hinterm Berg sind eben doch nicht so anders.

Der Gottesdienst begann um 11 Uhr und dauerte etwa eine Stunde. Danach kam Oma aber ewig nicht nach Hause. Meine Mutter wunderte sich zwar, Sorgen machte sie sich aber nicht, mein Bruder war schließlich immer quietschfidel, wenn er mit Oma Stunden später heimkam.

Während mein Bruder nach diesen Omaausflügen auf der Radioantenne herumkaute, bemerkte meine Mutter bei meiner Oma ein Zuzeln. Dabei blickte sie, als könnte sie keine Wässerchen trüben, aus dem Fenster und fuhr mit der Zunge hinter vorgehaltener Hand immer wieder ihre vordere Zahnreihe ab. »Zuuuzel, zisch, schmatz« machte es. Ganz leise. Irgendwann fing sie an, mit dem Nagel ihres kleinen Fingers zwischen ihren Zähnen zu pulen. So ging das bald jeden Sonntag. Manchmal nahm sie sich sogar einen Zahnstocher. Auf die Frage meiner Mutter, was sie denn da mache, antwortete meine Oma ausweichend. Ach nichts, ach die Reste von deinem komischen Essen und so weiter.

Aber meine Mutter war nicht auf der Brennsuppe dahergeschwommen. Meine Oma war seit jeher in der Familie als die »große Zuzlerin« bekannt. Oma brachte es nicht übers Herz, auch nur den kleinsten Rest Fleisch zu vergeuden. Diese Macke teilte sie natürlich mit einer ganzen Generation, die während des Kriegs oft hatte Hunger leiden müssen. Wenn es also ein Brathähnchen gab, zuzelte meine Oma, nachdem eigentlich alle schon fertig waren mit dem Essen, noch mal gründlich alle Knochen der anderen Familienmitglieder ab. Und anschließend musste sie weiterzuzeln, um die ganzen Fleischfasern wieder aus ihren Zahnzwischenräumen zu bekommen.

Meine Mutter kannte dieses Geräusch also ganz genau. Aber in letzter Zeit hatte sie doch gar keine Fleischgerichte gekocht, dachte sie misstrauisch bei sich. Woher kamen also diese Fleischreste, die sich Oma da aus den Zahnlücken zu ziehen versuchte?

Am nächsten Sonntag verfolgte meine Mutter Oma und meinen Bruder heimlich. In die Kirche ging es tatsächlich. Pünktlich um 11 Uhr. Und der Gottesdienst dauerte auch wie erwartet eine Stunde. Nach dem Gottesdienst zuckelte Oma auf den Buggy gestützt langsam die Straße runter – und geradewegs auf die Wirtschaft neben dem Rathausplatz zu. Es war warm, die Sonne schien. Oma setzte sich unter eine riesige Kastanie in den Biergarten vor dem Wirtshaus. Attila saß gemütlich im Buggy und überlegte vermutlich, wie er seinen neuesten Schatz, diesmal ein altes Fernglas, das in seinem Schoß lag, bestmöglich zerstören könnte. Meine Mutter kauerte hinter einem Busch und beobachtete erstaunt, was ihre Mutter da trieb.

Die blickte kurz in die Speisekarte und sagte dann etwas zum Kellner. Zehn Minuten später kam der wieder nach draußen in den Biergarten und stellte einen Teller mit halber Ente, Knödel und Blaukraut und eine Halbe vor meiner Oma ab. Über deren Gesicht ging ein merkliches Leuchten, das konnte meine Mutter sogar aus ihrem Versteck heraus sehen.

Bis auf ein paar mickrige Knochen und ein paar Bissen Knödel, die sie meinem Bruder in den Mund schob, wenn der gerade nicht am Fernglas herumkaute, aß meine Oma ihre Portion Ente ratzeputzkahl auf.

Das machte sie also jeden Sonntag!

Eine Woche später schaute meine Mutter nach den Gottesdienstzeiten vorsichtshalber noch einmal heimlich zum Biergarten. Und auch da saß sie wieder! Mein Bruder im Buggy mit einem dem Tod geweihten Elektrogerät und meine Oma, dieses Mal mit einem Teller Schweinebraten vor sich. Am Sonntag drauf waren es Rindsrouladen mit Spätzle.

Omas Fluchten in Bayerns Küche waren allerdings nicht ihr einziges Geheimnis. Eines Nachmittags kam meine Mutter unerwartet früh raus aus der Klinik, was selten vorkam. Eine Kollegin feierte ihren Abschied, und da man meine Mutter in der Klinik als »die Neue«, die »auch noch mit einem Türken verheiratet« war, nicht dazu einlud, beendete sie ihre Schicht ausnahmsweise mal pünktlich und ließ sich »von den blöden Weibern am Arsch lecken«. Meine Mutter lernte schon damals, dass es nicht unbedingt etwas zu sagen hat, dass man auf derselben Seite des Berges wohnt.

Es war um die Zeit, in der mein Bruder meistens seinen Mittagsschlaf abhielt, deshalb klingelte sie nicht, sondern öffnete ganz sachte und leise die Wohnungstür und schlich in den Gang. Die Küchentür war nur einen Spaltbreit offen, und meine Mutter wollte Oma, die an der Spüle stand, gerade begrüßen, als diese leise begann, vor sich hin zu murmeln. Meine Mutter blieb stehen, lauschte.

»Andi«, sagte meine Oma und hielt dabei meinen Bruder über die Spüle (Attila gab es für meine Oma nicht. Das muss ein Fehler vom Standesamt gewesen sein. Die hatten sicher »Andi« gemeint). »Ich taufe dich im Namen des Vaters und des Sohnes und des Heiligen Geistes.« Währenddessen drehte sie den Wasserhahn auf und kippte drei Handvoll Wasser über das Köpfchen meines Bruders.

Meine Mutter brach hinter der Tür ab vor lautlosem Lachen. Meine Oma hatte meinen Bruder gerade eigenhändig vor dem Fegefeuer gerettet. Meine Mutter verriet ihr nie, dass sie ihre Nottaufe mitbekommen hatte. Wenn es zum Seelenfrieden ihrer armen Mutter beitrug, dann sollte sie Attila eben taufen. Ich kam leider nicht mehr in diesen Genuss, denn als ich geboren wurde, war meine Oma schon zu gebrechlich, um heimlich mit mir in Kirchen abzuhängen oder mich über die Spüle zu halten. Ich werde also wohl im Kochtopf des Jenseits landen … wenn es nach der Glaubensüberzeugung meiner Oma geht. Aber zumindest Attila konnte sie retten, was angesichts des Unsinns, den er als kleiner Bub noch treiben sollte, vielleicht eh die wichtigere Taufe war. Aber dazu später mehr …

Wenn meine Mutter meine Oma nicht gerade bei heimlichen Bratenorgien oder Taufen beobachtete, arbeitete sie in der Klinik. Und während meine Mutter auf Station Verbände wechselte und Blut abnahm, kümmerte sich mein Vater damals um das Wohl eines berühmten Münchner Schlagerkomponisten. Als eine Art Superhausmeister war er auch dafür zuständig, dessen Fuhrpark zu pflegen. Und da gab es viel zu pflegen.

Da die Nobelkarossen auch mal ausgefahren werden mussten, holte mein Vater meine Mutter eine Woche lang jeden Tag mit einem anderen Luxusschlitten von der neuen Arbeitsstelle ab.

Montag: Ferrari. Dienstag: Lamborghini. Mittwoch: BMW und an jenem Donnerstag eben: der besagte Porsche.

Schluss also mit der Familiengeschichte und zurück in die Luxuskarre, in der mein Vater immer noch saß und auf meine Mutter wartete. Den Kampf mit dem Briefkasten alias Achtzigerjahre-Autotelefon hatte er aufgegeben. Er wartete darauf, dass meine Mutter nach unten zu ihm kam. Die garstigen Schwestern hingen mittlerweile aus den Fenstern, grün wie ihre OP-Kittel vor Neid, und versuchten, einen Blick auf denjenigen zu erhaschen, der diese unfassbar teure Karre fuhr.

Mein Vater stieg nun doch aus, lehnte sich lässig an die Kühlerhaube, krempelte die Ärmel seines weißen Jacketts hoch und zündete sich eine Zigarette an. Jetzt rempelten selbst die in ihrem Selbstbewusstsein in der Regel eher unerschütterlichen Ärzte an die Fenster. Normalerweise waren es doch sie, die mit den teuersten Karren durchs Starnberger Land rasten. Diesmal blieb ihnen aber nur, dabei zuzusehen, wie meine Mutter mit ihrem türkischen Don Johnson in den Feierabend entschwand.

Mein Vater fuhr noch zwei weitere Male so vor, dann hatte er keinen Bock mehr auf den Feierabendverkehr, in den meine Eltern jedes Mal gerieten, wenn sie nach Dienstschluss meiner Mutter die Nobelkarren wieder nach Grünwald zu ihrem Besitzer kutschieren mussten. Der Münchner Verkehr war schon in den Achtzigerjahren eine echte Zumutung.

Doch die einwöchige Aykanat'sche Autoschau hatte die Eingeborenen des Starnberger Landes nachhaltig beeindruckt. Mit Autos kann man – damals wie heute – in Deutschland eben noch was reißen. Wer ein dickes Auto fährt, hat es geschafft. Am besten ein deutsches. Das sehen auch Deutschtürken und Türken so.

Das Statussymbol Auto haben die Eingeborenen diesseits und

jenseits des Berges eben seit jeher gemeinsam. Als wir später vom Starnberger Land nach München zogen, hatten wir in unserer Wohnanlage genau eine türkische Familie als Nachbarn. Papa, Mama und vier Geschwister. In einer Vierzimmerwohnung. Mama kümmerte sich um die Familie und kochte, als hätte sie acht Kinder (sehr zur Freude der ganzen Nachbarschaft). Papa brachte das Geld nach Hause. Sein Lebensinhalt bestand darin, am Samstag den BMW zu waschen und die Kinder zum Abitur zu treiben.

Am Waschsamstag kamen oft mehrere befreundete Familien in der Hofeinfahrt zusammen. Das sah dann immer aus wie eine Autoschau der örtlichen BMW-Niederlassung mit Hammel-Event-Grillen. In der oberpfälzischen Heimat meiner Mutter machen die Leute aber eigentlich auch nichts anderes. Nur braten sie statt Hammel eben ein Spanferkel.

Über die Vorliebe der hier lebenden Türken, Deutschtürken, Türkischdeutschen, Dürken und Teutschen für dicke Autos wird sich ja gerne lustig gemacht. Nichts anderes tue ich in diesem Kapitel. Dabei darf man aber das Potenzial nicht verkennen, das in diesem Thema steckt. Wenn Deutsche und Türken etwas respektieren und lieben, dann ist es in erster Linie: die eigene Karre.

Sogar der türkische Präsident fährt deutsch! Einen gepanzerten Mercedes. Jener Recep Tayyip Erdoğan, der Deutschland gerne mit Nazivergleichen in Aufruhr versetzt. Es geht eben nichts über ein ordentliches Auto!

Mein Vater fährt aktuell übrigens einen alten Twingo. Autos sind ihm egal. Er schwingt sich lieber auf seine italienische Vespa. Mit der landet er nie im Stau. Weltoffenheit beginnt eben schon in der Garage.

4

ERZIEHUNGSARBEIT

Am Ende der Geduld
wartet der Segen

SABRIN SONU SELAMETTIR.

Marmaris. Ein paar Jahre später. Als meine Mutter an jenem Abend nach Hause kommt, sitzt mein Vater in der gemeinsamen Küche vor einem überquellenden Aschenbecher, bereits mit der nächsten Kippe im Mundwinkel, deren Filter er vor lauter Ärger schon völlig zerkaut hat. Meine Mutter bleibt im Türrahmen stehen, betrachtet meinen Vater und denkt sich vermutlich: Was soll dieser ganze Unsinn?

Sie ist gerade von der Disco gekommen. Oder war es die Bar? Oder der eine Kebab-Stand auf dem Markt? Egal, sie weiß nur, dass sie hundemüde ist und dass das so nicht weitergehen kann. Zum dritten Mal ist sie in dieser Woche auf der Piste gewesen. Zum dritten Mal hat mein Vater am Küchentisch Kette rauchend bis in die frühen Morgenstunden auf die Rückkehr meiner Mutter gewartet.

Meine Mutter verdreht die Augen: »Kannst du morgen Abend bitte einfach ins Bett gehen, sobald ich ausgegangen bin, sonst müssen wir ausgehen (das wäre dann sie) und Kette rauchend warten (das wäre dann mein Vater) bis zum Ende unserer Tage. Und dann werde ich stocknarrisch!«

Meine Eltern, mein Bruder und ich wohnten seit ein paar Monaten wieder alle vier in Marmaris, nachdem meine Mutter für meine Geburt alleine einen Abstecher nach München gemacht hatte. Mein Vater hatte derweil auf seiner Schiffsbasis bleiben und arbeiten müssen, wo er auch von meiner Geburt erfuhr – Sie erinnern sich? Der Schiffsmast? Das Meer?

Nach einer kurzen Wiedereingewöhnungszeit begann meiner Mutter langsam die Decke auf den Kopf zu fallen. Ich war inzwischen etwa ein Jahr alt, mein Bruder drei, und wie durch ein Wunder schliefen wir tatsächlich in unseren eigenen Betten. Nachts! Und das sogar mehrere Stunden am Stück.

Meine Mutter war so euphorisch, zumindest einen winzigen Teil ihres Lebens wiederzuhaben, dass sie beschloss, ihre neue Heimat zu erkunden. Mit den Arbeitskollegen meines Vaters.

Mein Vater leitete damals Mitte der Achtzigerjahre noch immer jene Jachtbasis in Marmaris, die er schon zum Zeitpunkt meiner Geburt geführt hatte. Touristen, vor allem Engländer und Deutsche, hatten gerade die Türkei als Reiseziel entdeckt. Über die Flughäfen in Antalya und Dalaman fielen sie im Sommer wie Fliegen über die Orte entlang der Küste ein.

Ursprünglich war Marmaris mal ein kleines Fischerdorf gewesen. Es lag am Fuße eines steilen Hanges, der sich zum Meer hin öffnete. Wenn ich als kleines Kind in den Sommerferien nach Marmaris kam, fuhren wir immer ewig durch Pinienwälder. Dann schraubte sich das Taxi Kilometer um Kilometer höher den Berg hinauf, bis wir zum Kamm gelangten und unten das glitzernde Meer und Marmaris uns zu Füßen lagen, wohin wir uns dann in Serpentinen nach unten arbeiteten. Heute beginnt Marmaris schon oben auf dem Berg. Die Stadt hat sich den Hang hinaufgearbeitet und wächst und wächst.

Damals war Marmaris aber noch im Aufbruch begriffen. Ein werdender Tourihotspot, beliebt, aber noch nicht so »in« wie das einige Kilometer die Küste weiter runter liegende Bodrum. Am kleinen Marmaris klebte außerdem noch wie eine Art seltsames Geschwür die Netsel-Marina, einer der größten Häfen der Türkei. Hier legte auch die US-Marine mit ihren riesigen Fregatten und U-Booten an. Wenn die Matrosen Landgang hatten, dann schwoll Marmaris innerhalb weniger Stunden zu einer Partymetropole an.

Hierhin hatte mein Vater also seine Familie umgesiedelt. In Deutschland hatte er schon einige Stationen seines abenteuerlichen Werdegangs hinter sich gebracht. Das Abitur hatte er längst in der Tasche, und sein Geologiestudium lag auch hinter ihm – aber Geologen wurden jetzt leider auch nicht so wahnsinnig dringend gebraucht. Während seiner Bootsbauerlehre Anfang der Achtzigerjahre hatte er meine Mutter kennengelernt und anschließend den besagten Fuhrpark einer Münchner Schlagergröße ausgefahren. Aber meinen Vater hatte es wieder in seine türkische Heimat gezogen. Jetzt also Marmaris.

Dort gab es einen kleinen historischen Kern, mit einem Basar, auf dem es die typischen kleinen Juweliere mit ihren über und über mit Goldkettchen beladenen Auslagen gab. Es machten sich aber auch jedes Jahr mehr und mehr Händler breit, die trendige Culvin-Kloin-Pullover verkauften und echte Ralex-Uhren.

Über der Altstadt thronte eine kleine Burgruine, zu der sich nur selten Touristen verirrten. Sie waren schließlich hier, um zu baden, zu essen und zu feiern. Dementsprechend war das Angebot an davon abweichenden Freizeitangeboten nicht gerade groß. Es gab ein nagelneues Hammam und eine Promenade, auf der man nur spazieren konnte, wenn man es draufhatte, die Kellner zu ignorieren, die sich alle fünf Meter wie die Schmeißfliegen auf einen stürzten. Und eben den kleinen Jachthafen meines Vaters, den begeisterte Segler oder gut betuchte Touristen, die sich gerne herumsegeln ließen, aufsuchten.

Mir kommt der Arbeitsplatz meines Vaters bis heute wie ein riesiger Spielplatz für Erwachsene vor. Es gab in dem kleinen Hafen nur wenige Taximinuten vom Stadtzentrum entfernt ein paar Dutzend weiß glänzender Segeljachten, deren Masten und eingeholte Segel majestätisch im sanften Wind hin und her wogten und dabei wohlig knarzten. Dazu unzählige weiße Fähnchen, die an den Booten, an den Masten neben den Büros, am Eingang zum Hafen und den Kaimauern in der Sonne flatterten. Und über all dem als Höhepunkt thronend eine riesige rote Flagge mit weißem Halbmond und Stern auf dem Dach des Hauptbüros.

Es gab ein Restaurant mit einem Mangal, einem türkischen Kohlegrill, auf dem abends bergeweise Lammkoteletts oder Tentakel von Tintenfischen lagen. Einen Kiosk, an dem die Kunden sich die Schnorchelausrüstung für ihren Bootstrip ausleihen konnten. Eine Werkstatt, in der immer irgendwas an eines der Boote hingeschweißt wurde, in der Dingis repariert wurden oder irgendwas einen neuen Anstrich verpasst bekam.

Und vor allem gab es hier eine Menge Mitarbeiter, die oft nur während der Sommersaison nach Marmaris kamen, um auf der Schiffsbasis zu arbeiten. Da wären zum Beispiel die braun gebrannten Skipper, die immer enorm coole Sonnenbrillen trugen. Heute würde man dazu wahrscheinlich »bescheuerte verspiegelte Schwörerbrillen« sagen, aber damals, als ich noch ein Kind war, fand ich sie eben enorm cool. Und die Skipper auch, die den Touristen, die gerne ebenfalls cool aussehen wollten, aber zu blöd oder beschäftigt für einen Segelschein waren, die Schiffe von A nach B segelten.

Dann gab es noch die Sekretärinnen, die trotz der Hitze immer wie aus dem Ei gepellt zur Arbeit erschienen, mit knallroten Plastikfingernägeln und blondierten Haaren. Denn aus irgendeinem Grund wollten damals ausnahmslos alle Türkinnen, die wir kannten, unbedingt blond sein. Das war so schön westlich, fanden sie. Meine Mutter – eine der wenigen tatsächlichen Westlerinnen in Marmaris – hatte damals übrigens paradoxerweise braune Haare.

Da ich aber blond wie ein Weizenfeld war, hatten die Sekretärinnen einen Narren an mir gefressen und machten um mich bei jedem Besuch ein Aufheben, als wäre ich der Messias höchstpersönlich.

Sie nannten mich »Fıstık«, »Nüsschen«, zwickten mir unaufhörlich in meine sehr zwickbereiten, weil riesigen Pausbacken und stopften mich mit allen Arten von türkischen Süßigkeiten voll. Dass ich auch heute noch für Süßes jeglicher Art alles andere stehen und liegen lassen würde, führe ich auf diese frühkindliche türkische Zuckerpipeline zurück.

Dann gab es noch die Köche, einen für die Küche und einen extra für den großen Außengrill. Die herrschten wie erbarmungslose Könige über ihre Reiche, was meinen Bruder nicht davon abhielt, sich bei jedem Besuch schnurstracks davonzustehlen und in der Küche, direkt neben dem Koch, beim »Abschmecken« zu helfen. Jedenfalls waren auch all diese Menschen auf der Schiffsbasis meines Vaters neu in Marmaris oder kamen zumindest nur für eine begrenzte Zeit her. Viele Freunde und Familie hatten sie in Marmaris nicht. Wie meine Mutter. Also hatten all diese Gestrandeten die grandiose Idee, dass man sich nach Feierabend doch zusammen auf der Feiermeile von Marmaris noch gepflegt einen hinter die Binde kippen konnte. Was sollte man auch sonst hier tun?

Meine Mutter konnte also endlich an ihre wilden Zeiten auf dem bayerischen Land anknüpfen, die sich die Landjugend mit Partys im Steinbruch vertrieb und, wie es meine Mutter ausdrückte, indem sie »mit Jacky-Cola straßauf, straßab« lief.

Mein Vater war allerdings nicht Teil dieses Plans. Das war durchaus keine Absicht, aber er war gerade einmal wieder dabei, Ersatzteile von der griechischen Insel Rhodos aufs türkische Festland zu schmuggeln, deshalb zog meine Mutter mit den Angestellten alleine los.

Parallel zur Promenade mit ihren Restaurants, die wie Perlen an einer Kette aufgereiht waren, verlief die Partymeile. Eine enge Gasse mit einer Bar nach der anderen. Am Tag war die Straße wie ausgestorben, die Riegel waren vorgeschoben, die Absperrgitter heruntergelassen. Doch sobald die Sonne untergegangen war, ging hier die Post ab. Es war ein Ort von der Art, die Touristen gerne zu dem Satz verleitet: »In der Türkei laufen gar nicht alle Frauen mit Kopftuch herum. Manche machen da auch richtig Party! Total fortschrittlich.« Wenn sich der Fortschritt der Menschheit an fehlenden Kopfbedeckungen und Party ablesen lässt, dann war Marmaris in der Tat damals schon ganz vorne mit dabei.

Hier nun also, in der kopftuchfreien Zone, feierte meine Mutter bis zum Morgengrauen. Mein Vater, der in dieser Nacht von seiner kleinen Schmuggeltour zurückkehrte, fühlte sich so übergangen, als er vom Partyausflug meiner Mutter hörte, dass er plötzlich zu einem lebenden Klischee mutierte: dem eifersüchtigen Türken. Er postierte sich also mit beleidigter Miene am Küchentisch, malte sich vermutlich aus, dass meine Mutter wer weiß was trieb, und rauchte dabei unaufhörlich.

Nur war er da bei meiner Mutter an die falsche Adresse geraten. Die reagiert seit jeher allergisch auf jeden, der ihr vorschreiben will, was sie zu tun und zu lassen hat. Das war schon in ihrer Ausbildung zur Krankenschwester so. Meine Mutter war damals gerade aus ihrem Kaff nach Nürnberg gekommen, um Krankenschwester zu werden. 16 Jahre alt, von zu Hause ausgezogen, endlich frei – und mit einem Afro auf dem Kopf. Sich die Haare zu Afrolöckchen drehen zu lassen war damals der letzte Schrei, und meine Mutter war ein absolutes Fashion Victim.

Es waren die beginnenden Siebzigerjahre, und meine Mutter musste auf Station mit einem relativ kurzen, weißen, gestärkten Kleid auflaufen, das vorne eine durchgehende Knopfleiste hatte, dazu ein weißes Häubchen. Heute laufen nur noch Protagonistinnen in Pornos mit Namen wie »Scharfe Schwestern heilen jedes Männerherz« so herum. Damals war das Pflicht. In einer katholischen Schwesternschule, die von Nonnen betrieben wurde!

Was allerdings gar nicht ging, war der Afro meiner Mutter. Noch dazu ihre neonfarbenen Papageienohrringe aus Holz, die sie dazu trug. Meine Mutter musste sich also jeden Morgen den Afro mühsam wieder herausföhnen, was mindestens eine Stunde dauerte. Diese Intoleranz gegenüber ihrer todschicken Haarpracht bewirkte, dass meine Mutter eine gewisse Abneigung gegenüber Nonnen entwickelte.

Das hängt vielleicht auch damit zusammen, dass sie und ihre Freundinnen schon in der Grundschule das Vergnügen hatten, von den Schulnonnen, wie es meine Mutter gerne ausdrückt, »alle pfief lang hergfotzt« zu werden.[4] Sie meint damit, dass sie bei jedem Vergehen noch mit Prügeln von Ordensschwestern

---

[4] »Hergefotzt werden« hat nichts mit »Fotze«, dem herabwürdigenden Begriff für das weibliche primäre Geschlechtsmerkmal, zu tun, sondern kommt von »Fotzn«, was »Gesicht« bedeutet. Also Bairisch für »eine Ohrfeige bekommen«.

zu rechnen hatten. Und dann später eben auch noch die Sache mit dem Afro.

Seitdem lässt sich meine Mutter nichts mehr gefallen, weder von bayerischen Nonnen noch von türkischen Ehemännern.

Türkische Männer haben es aber auch nicht leicht. Sie werden von Anfang an auf Drama gepolt. Sie bekommen geradezu eingeimpft, eifersüchtig sein zu müssen. Das merkte ich, als ich später in Istanbul studierte und mit einem Türken zusammenwohnte: Taylan. Ein ausgeglichener, ruhiger junger Mann, der an seinen wenigen freien Tagen putzte, einkaufte und das Frühstück für mich zubereitete. Sehr untypisch für einen Türken, der aus dem tiefsten konservativen Südosten der Türkei stammt. Ich lernte später, dass sein Drang, zu putzen und das Frühstück zu machen, weniger Ausdruck fortschreitender Gleichberechtigung als vielmehr der Gastfreundschaft seiner Familie geschuldet war.

Eines Abends nun hatte Taylan Freunde zu Besuch, und irgendwann kam das Thema auf Frauen. Taylan raunte mir zu: »Deniz, ich will nie wieder mit einer türkischen Frau zusammen sein.«

Ich dachte, ich hätte mich verhört, doch dann pflichteten ihm seine Freunde eifrig bei. »Türkische Frauen sind völlig verrückt«, sagte einer und fuhr dabei wild mit seiner rechten Hand wie ein Scheibenwischer vor seinem Gesicht hin und her.

»Deniz, meine letzte Ex, wir haben uns nur noch gestritten, dann war irgendwann Schluss. Nach einem Jahr trafen wir uns zufällig wieder, und sie sagte zu mir: Taylan, weißt du eigentlich, warum es mit uns beiden nicht geklappt hat? Weil du nicht Arschloch genug warst.« Taylan sah mich so verdutzt an, wie er seine Ex damals angesehen haben musste. Und auch ich muss dermaßen perplex aus der Wäsche geschaut haben, dass Taylans Freunde sofort gleichzeitig dazu ansetzten, mir das Ganze zu erklären.

Viele türkische Paare wollen das ultimative Drama. Sonst ist es keine Liebe – denken sie. Das wird ihnen zumindest seit Jahrzehnten mit todtraurigen Fernsehserien eingeimpft, in denen am Ende alle am Arsch oder tot sind. Eifersucht, Intrige, Verbote, das ganze Programm. Und der sanftmütige, schwer aus der Ruhe zu bringende Taylan hatte das seiner Ex nicht bieten können.

Wenn türkische Pärchen abends getrennt voneinander ausgehen, der eine mit seinen Jungs, die andere mit ihren Mädels, dann gibt es alle halbe Stunde gegenseitige Kontrollanrufe. Sonst macht es ihnen offenbar keinen Spaß. Am Telefon keift man sich dann entweder an oder es wird sich mit heißen Liebesschwüren die ewige Liebe versichert. Meistens beides und immer abwechselnd.

Meine Mutter hatte für solche Sperenzien wenig übrig. Ob mein Vater mit seinen Skippern, seinen Sekretärinnen oder der Königin von Saba abends ein Bier trinken ging, war ihr egal. Und umgekehrt meinem Vater ebenso. Allerdings nur in Deutschland. In der Türkei mutierte mein Vater zu einem eifersüchtelnden Türken. Vielleicht hatte er – sobald er in seiner Heimat war – das Gefühl, er müsse seine Integration ein bisschen rückabwickeln. Wieder ein »richtiger« Türke sein. Vielleicht hatte er auch nur aus Versehen eine dieser besagten Fernsehserien gesehen.

Meine Mutter stand also am zweiten Abend erneut im Türrahmen. Mein Vater merkte nicht, dass sie wie ein Aschenbecher roch, weil er selbst ja wie ein abgefackelter Kippenautomat dasaß.

Mein Vater: »Wo warst du?«

Meine Mutter: »Was trinken.«

Mein Vater: »Aha.«

Meine Mutter: »Wie bitte? Ich versteh dich nicht, wenn du so nuschelst.«

Mein Vater: »Aha, habe ich gesagt.«

Meine Mutter: »Aha.«

Mein Vater: »Mit wem?«

Meine Mutter: »Der Dings von der Werkstatt und die Dings aus deinem Büro.«

Mein Vater: »So, so.«

Ich glaube, in jenem Moment eskalierte das »Gespräch« nur deshalb nicht, weil mein Vater mal wieder mit seinem verfrühten Alzheimer zu kämpfen hatte. Vermutlich war er zu beschäftigt damit, sich zu erinnern, wer noch mal der Dings und die Dings waren. Und hundemüde waren beide außerdem auch.

Dann sahen sie sich hasserfüllt und verstohlen von der Seite an und versuchten, wie in einem Telepathieexperiment dem Blick des anderen standzuhalten. Meine Mutter ging anschließend wortlos ins Bett. Mein Vater schlief auf der Couch im Wohnzimmer.

Das Leben meiner Mutter damals in Marmaris muss ein ziemliches Abenteuer gewesen sein. Wenn sie sich daran zurückerinnert, sagt sie gern: »Damals gab es ja nichts!« Und mit »nichts« meint sie natürlich nicht »nichts«, sondern die Dinge, die man als Deutsche in der Türkei damals vermisste. Da war zum Beispiel die Geschichte mit der Leberwurst.

Deutschland. Land der Wurst. Noch heute kann meine Mutter mit beeindruckender Wortgewalt und Detailfülle beschreiben, wie sehr sie damals Leberwurst vermisste. Sie gibt die Geschichte immer noch regelmäßig zum Besten, so schrecklich muss ihre Sehnsucht gewesen sein. Nicht nur nach Leberwurst, auch nach Leberkäs. Oder Gelbwurst. Ihre Leidensgenossin war unsere Nachbarin: Tante Fine.

Fine war eine waschechte Schwäbin aus Stuttgart, die es in den Siebzigerjahren in die Türkei verschlagen hatte. Sie sprach hervorragend Türkisch – mit starkem schwäbischem Akzent. Sie war die Frau von Onkel Çeko. Wer das ist? Keine Sorge, den werden Sie auch noch kennenlernen. Weder Tante Fine noch Onkel Çeko sind tatsächlich mit der Familie Aykanat verwandt. Dennoch hatte ich Çeko eigens ausgesucht und zu meinem Onkel erkoren, was Fine automatisch zu meiner Tante machte – aber auch die Geschichte lieber an anderer Stelle, denn es geht ja hier eigentlich um die Wurst.

Meine Mutter und Tante Fine versuchten also wochenlang, Leberwurst nachzubauen. Sie hackten und brieten Rinderleber, mixten sie mit Gewürzen zu einer Paste – und hatten dann einfach gehackte und gebratene Rinderleber mit Gewürzen. Oder sie gaben noch angeschwitzte Zwiebeln dazu. Oder geröstete Brotbrösel. Sie versuchten es mit Hammelfett und Hühnerleber. Mit gekochtem Rind und gebratener Wurst. Mit Kerbel und Oregano. Oder Äpfeln und Zwiebeln. Oder Paprika und Kümmel. Einmal besorgten sie sich sogar extra Schafsdarm, um die unzähligen Breie und Pasten, die sie über die Wochen fabriziert hatten, wenigstens authentisch zu verpacken.

Innerhalb kürzester Zeit sahen die Küchen meiner Mutter und von Fine abwechselnd aus wie Metzgereien, in denen eine Bombe eingeschlagen hatte. Überall klebten gräuliche Bröckchen. Doch die Wurstexperimente führten nur zu einem: Meine Mutter und Fine hatten verdammt viele seltsame Brotaufstriche erfunden, die keiner essen wollte. Dem Geschmack einer deutschen Streichleberwurst kamen sie jedoch nicht einmal im Ansatz nahe.

Ein kleines, aber wichtiges Detail fehlte nämlich stets: das Schwein. Ohne Schwein, ohne Speck, ohne das Fett vom Schwein, keine Leberstreichwurst. So einfach ist das. So traurig ist das.

Meine Mutter und Tante Fine mussten wohl oder übel einige

Jahre ohne ihre Leberstreichwurst auskommen. Und das war nicht der einzige Wermutstropfen. Marmaris war nun mal nicht Istanbul oder Ankara. Es gab natürlich auch keine Bücher auf Deutsch. Die importierte meine Mutter waschkörbeweise aus Deutschland. Ebenso Schminke. Geschminkt hat sich im damals noch sehr provinziellen Marmaris nämlich niemand – außer meiner Mutter.

Meine Mutter trifft man selten ohne knallrote Lippen an. Trägt sie mal keinen Lippenstift, sieht sie sofort krank aus. Zumindest denkt man, wenn man sie kennt, sofort, dass irgendetwas in ihrem Gesicht fehlt. Also musste sie sich auch Lippenstifte aus Deutschland mitnehmen oder von Besuchern mitbringen lassen. Noch heute, obwohl ich schon 32 Jahre alt bin, verlangt meine Mutter von mir, dass ich zu Treffen mit ihr mit Lippenstift erscheine. In ihren Augen ist alles – das Erscheinungsbild, das Körpergefühl, ja das ganze Leben – einfach viel besser mit Lippenstift.

Lippenstift, eine ganze Menge davon, trug meine Mutter auch am dritten Abend in Folge beim Ausgehen in Marmaris. Nennen Sie es Geduld oder Hartnäckigkeit – jedenfalls versprach sich meine Mutter von ihrer Aktion etwas: einen Lerneffekt bei meinem Vater. Einfach immer wieder dasselbe machen, bis es irgendwann Früchte trägt, das nennt man auch Oberpfälzer Pädagogik. Meine Mutter war eine Meisterin des Aussitzens der Liedzn[5] meines Vaters.

Bayerische Starrköpfigkeit könnte man das auch nennen, und die passt eigentlich ziemlich gut zusammen mit der Geduld, in der sich Türken zu üben pflegen. Mein Vater hatte die Angewohnheit, in der Türkei immer mit einer Misbaha, einem islamischen Gebetskettchen, herumzulaufen. Als ich meinen nicht besonders

---

[5] Bairisch oder vielmehr Oberpfälzisch für »schlechte Angewohnheiten«.

religiösen Vater erstaunt fragte, ob er mit dem Kettchen bete, sagte er: »Nein. Ich übe, geduldig zu sein.«

Im Falle meiner Eltern führte die türkisch-bayerische Starrköpfigkeitspädagogik allerdings dazu, dass erst mal überhaupt nichts mehr voranging. Meine Mutter stand also mal wieder um 5 Uhr früh im Türrahmen zur Küche. Mein Vater saß dieses Mal nicht am Küchentisch. Ach nein, doch, natürlich, man konnte ihn durch die dicken Schwaden von Zigarettenrauch nur nicht gleich erkennen.

Das bösartige gegenseitige Anfunkeln war inzwischen beiderseitigem genervtem Augenrollen gewichen. Ein längeres Gespräch sparten sie sich. Mein Vater ließ sich nur noch zu einem Kommentar zu Mamas Lippenstift herab: »Hast dich ja ganz schön aufgezäumt fürs Ausgehen.« Was natürlich Blödsinn war. Denn meine Mutter ist wie gesagt mit dick geschminkten Lippen geboren worden.

Und mittlerweile war ihr schon höchst langweilig. So spannend war das Nachtleben in Marmaris nun auch wieder nicht. Und tagsüber terrorisierten sie schließlich zwei kleine Kinder, die sie alleine versorgte, während mein Vater seinen Hofstaat im Jachthafen beaufsichtigen musste.

Aber meine Krankenschwestermutter wusste auch: Mit der Neigung zum Drama ist es wie bei der Einnahme von Antibiotika. Man muss die Packung auf jeden Fall bis zum Ende nehmen! Sonst bildet der türkische Patient Resistenzen aus, und dann hilft das Medikament beim nächsten Mal nicht mehr. Wenn meine Mutter den aufstrebenden eifersüchtigen Türken in meinem Vater im Keim ersticken wollte, musste sie das jetzt durchziehen. Mein Vater dachte vermutlich exakt dasselbe. Nur dass er eine aufmüpfige Bayerin als Patientin hatte.

Die Tatsache, dass es weder für meinen Vater noch für meine Mutter damals leicht war, in der Türkei zu leben, trug nicht wirklich zur Entschärfung des binationalen Konflikts zwischen meinen Eltern bei. An der Mittelmeerküste findet man zwar generell eher die liberale Türkei, aber es war doch alles eine ganze Ecke beschaulicher, wenn man nicht gerade in einer Großstadt wie Antalya lebte. Von meinem Vater wurde erwartet, dass er als gemachtes, studiertes Familienoberhaupt aus Deutschland zurückkehrte und in Marmaris erfolgreich Geschäfte machte.

Von meiner Mutter wurde vor allem erwartet, dass sie sich wie eine gute Türkin verhielt. In der Türkei bedeutete das damals: eine gute Hausfrau und Mutter zu sein. Und all das im Übrigen ohne ein einziges Haar am Körper.

Während die türkischen Männer gerne in Teegärten zusammenkamen und dort semiprofessionell vor sich hin philosophierten und über Politik und Fußball mit derselben Intensität zankten, trafen sich die Frauen gerne wöchentlich zu diversen Gruppen. Runden, die gemeinsam Servietten bestickten. Gruppen, die einfach nur Tee tranken und stundenlang lästerten. Solche, die miteinander kochten. Und Gruppen, die ganze Nachmittage damit zubrachten, sich gegenseitig jedes erdenkliche Körperhaar auszurupfen.

Auch in Marmaris kamen Frauen zusammen, reihum immer bei einer der Frauen zu Hause. Dort rührten sie dann Zucker und Zitronensaft an, ließen diese Paste köcheln und spachtelten sich dann eine nach der anderen das sauheiße Zeug auf die Haut. Baumwollstreifen drauf und ratsch! Es war eine der Lieblingsbeschäftigungen der Frauen. »Çok yumuşak!«, säuselten sie und fuhren meiner zu Stein erstarrten Mutter über die gerade von jeglichen Härchen – und vermutlich auch der obersten Hautschicht – befreite Achsel. »Sooo weich!«

Meine Mutter konnte der Tortur trotzdem wenig abgewinnen, aber was tut man nicht alles, um sich zu integrieren. Dazu gehörte zum Beispiel auch, ein bestimmtes Spielchen mitzuspielen. Es heißt: Deine Tochter heiratet mal meinen Sohn.

In einer der Frauengruppen – es muss die Kamikazetruppe mit der Zuckerpaste gewesen sein – war eine Dame, die immer ein bisschen huldvoller von den anderen behandelt wurde: Ayşe. Meine Mutter fand schnell heraus, dass Ayşes Mann einer der reichsten von ganz Marmaris war. Mein Vater pflegt noch heute zu sagen: »Denen gehörte die halbe Stadt! Davon hätten wir jetzt auch einen ziemlichen Batzen.« Denn die Frau des reichen Typen sah meine Zukunft schon genau vor sich, obwohl ich noch ein in die Windel kackendes kleines Bündel war. Jedes Mal, wenn die Haargruppe sich traf, nahm Ayşe meine Mutter beiseite und raunte ihr ins Ohr: »Deine kleine Deniz und mein kleiner Murat: Die heiraten mal! Das passt doch perfekt! Dann sind wir eine Familie.«

Meine Mutter zuckte angesichts dieser doch recht frühen Verkuppelung ihrer Tochter immer etwas zusammen. Was ihr aber vor allem Sorgen bereitete, war, dass dieser kleine Murat, ich zitiere meine Mutter, »hässlich wie die Nacht finster« war.

Meine Mutter wich der bestimmten Forderung Ayşes immer mit einem gequälten Lächeln und einem zurückgesäuselten »Ja, dann wären wir eine Familie« aus. Insgeheim dachte sie sich: »Nur über meine Leiche!«

Eine Heirat mit dem kleinen hässlichen Murat blieb mir übrigens erspart. Meine Mutter behauptet heute zwar, wir wären nach Deutschland zurückgezogen, weil sie nicht wollte, dass wir täglich in schwarzer Schuluniform im Sommer bei 40 Grad auf dem Sportplatz beim Fahnenappell antreten müssen. Das war damals auch bei Grundschulkindern üblich. Heute aber bin ich mir ziemlich sicher, dass sie mich nur vor Heiratsvermittlerin Ayşe schützen wollte – und ihre Achseln vor weiteren Behandlungen mit Zuckerpaste.

Wenn Ayşe gewusst hätte, dass meine Mutter auch ein viertes Mal in jener Woche auf die Piste ging, hätte sie mich vielleicht sowieso nicht mehr als gute Partie für ihren Sohn angesehen. Meine Mutter hatte schon gar keine Lust mehr. Sie war müde, und es wurde von Mal zu Mal schwieriger, überhaupt jemanden zum Mitgehen zu bewegen. Die Frauen aus ihrer Koch- oder der Haareausrupfen-Gruppe kamen ohnehin nicht infrage. In deren Augen lauerte in der Gasse hinter der Promenade der Teufel höchstpersönlich.

Tante Fine hatte den Ausgehtrick mit Onkel Çeko schon vor Jahren durchgezogen, und die Angestellten meines Vaters waren auch schon langsam zu müde und wollten außerdem nicht riskieren, mit ihrem Chef Ärger zu bekommen.

Also ging meine Mutter halbherzig ein Bier trinken und lief danach noch gelangweilt die Promenade straßauf, straßab. Irgendwann reichte es ihr und sie ging heim … dabei war es erst 22 Uhr!

Zu Hause angekommen, fand sie keinen Kette rauchenden Papa am Küchentisch vor. Er lag auf der Couch, schnarchend, der Fernseher lief, irgendwas mit Flugzeugen. Als sie hereinkam, schreckte er auf und griff wie ein Roboter automatisch zu seiner Kippenschachtel, die neben ihm auf dem Couchtisch lag. Meine Mutter setzte sich dazu. Mein Vater grinste blöd und sagte: »Bist schon dahoam?« »Schaust scho wieder des saublöde ›Top Gun‹ an?«, gab meine Mutter zurück und zündete sich und meinem Vater zwei Zigaretten an.

Und somit war die Taktik meiner Mutter aufgegangen. Mein

Vater rauchte damals zwar noch verdammt gerne, aber bis 5 Uhr früh Kette rauchen, vier Abende hintereinander, war selbst für ihn zu ambitioniert. Den Zahn mit der Eifersucht hatte sie ihm ein für alle Mal gezogen. Faulheit schlägt Eifersucht. Wann meine Mutter mit wem wie lange ausgeht, war nie wieder ein Thema.

Heute ist mein Vater froh, wenn meine Mutter an möglichst vielen Abenden der Woche weg ist. Ob sie Überstunden macht oder durch die Bars tingelt, ist ihm dabei herzlich egal. »Hauptsache, ich kann in Ruhe ›Top Gun‹ schauen!« Er muss nur aushalten, dass meine Mutter an allen übrigen Abenden Rosamunde-Pilcher-Filme ansieht.

Man braucht eben viel Geduld als Türke, wenn man mit einer Deutschen zusammen ist. Und umgekehrt. Langweilig wird es dafür aber nie. Ein Segen eben.

5

DER TÜRKISCHE MACGYVER

Wer ko, der ko

Zwei über und über mit Olivenöl und Lippenstift beschmierte Kleinkinder stehen in der Auffahrt unseres Hauses in Marmaris. Die beiden einzigen weizenblonden Rotzlöffel weit und breit sind mein Bruder und ich. Ende der Achtzigerjahre sind wir gerade einmal drei und vier Jahre alt. Und wir warten auf Onkel Çeko. So wie jeden verdammten Morgen, mindestens drei Jahre lang.

Marmaris war damals ein einziger Abenteuerspielplatz für meinen Bruder und mich. Schon vor dem Frühstück streiften wir – nur mit Unterhosen und Gummilatschen bekleidet – durch unsere Straße und stellten alles an, was sich unsere kleinen kranken Kinderhirne so ausdachten. Und das war ziemlich viel. Zum Beispiel schafften mein Bruder und ich es, in einer Schuttgrube voller Schlangen und Ratten zu landen, und überstanden noch manch anderes Abenteuer. Aber dazu später mehr, denn so eine Geschichte erlebt sich nicht mit leerem Magen. Um also für all diesen Mist die nötige Energie aufzubringen, brauchten wir täglich sehr bald eine frühe Ration Kohlenhydrate. Und da kam Onkel Çeko ins Spiel. Nur dass Onkel Çeko in Wirklichkeit gar nicht unser Onkel war.

Die Aykanats sind nämlich eine sehr untypische türkische Familie. Sie besteht lediglich aus mir, meinem Bruder, meiner Mutter und meinem Vater. Wie konnte das denn bloß passieren?! Türkische Familien zeichnen sich gemeinhin nämlich durch eine Heerschar Onkels und Tanten aus und daraus resultierend aus einer schier unüberschaubaren Menge an Cousins, Cousinen, Nichten, Neffen, Schwippschwagern und Schwippschwägerinnen und so weiter.

Verlässt man als Deutschtürkin die assimilierte Kleinfamilie während der Sommerferien in Richtung Türkei, dann erleidet man mitunter einen Kulturschock. Dort wird man am Flughafen nicht etwa nur von Oma und Opa abgeholt, sondern gleich vom ganzen Clan inklusive angeheirateter Familienteile. Schon mal ein erster Vorgeschmack auf »Ferien mit der Familie«. Betonung auf MIT.

Familie Aykanat jedoch steigt in der Türkei immer allein ins Taxi (die GANZE Familie passt in ein einziges Auto rein, unglaublich!) und fährt gemütlich ins Hotel, ohne auch nur einem Verwandten begegnet zu sein.

Ich weiß allerdings sehr genau, wie es den meisten anderen Deutschtürken auf Heimaturlaub ergeht. Ich »durfte« das vor Kurzem probehalber durchspielen, als ich mit Taylan, diesen netten Türken kennen Sie schon, mit dem ich während meines Studiums in Istanbul zusammenwohnte, zu Besuch bei seiner Familie in Südostanatolien war.

Die Mickrigkeit des Provinzflughafens trog, denn schon am Ausgang konnte ich eine Menschenmenge ausmachen, die mindestens zwölf Schilder mit der Aufschrift »Taylan ve Deniz hoş geldiniz!« (»Willkommen Deniz und Taylan«) in die Höhe hielt.

Ich wurde von Menschen stürmisch begrüßt, die mich noch

nie im Leben gesehen hatten. Und ihre Begeisterung sollte von diesem Zeitpunkt an nicht mehr nachlassen, denn der Clan folgte mir fortan auf Schritt und Tritt: auf die Toilette, um mir vorsichtshalber noch mal das Plumpsklo zu erklären und um sicherzustellen, dass ich auch ja nicht die Todsünde aller Todsünden beging, dass ich nämlich Klopapier in die Toilette warf. In die Küche (Hast du Hunger? Soll ich schnell ein Lamm braten? Bist du krank? Soll ich dir die Butter aufs Brot schmieren? Hast du nicht genug zu essen bekommen vor einer halben Stunde beim Frühstück?). Auf die Straße, um sicherzugehen, dass ich im komplett verwaisten Viertel auf keinen Fall von nicht-existenten Gangmitgliedern entführt wurde. In das Gästezimmer, um mir meinen Geldbeutel abzunehmen, den ich erst wieder bei der Abreise zurückbekam, denn es gehört ebenfalls zu den Todsünden beziehungsweise völlig aussichtslosen Unterfangen, auch nur zu versuchen, irgendetwas während türkischer Ferien »mit Familie« selbst zu bezahlen.

Während mein Kumpel Taylan seiner Mutter bei jeder Mahlzeit erklären musste, warum er nicht mehr fünfmal Nachschlag wollte so wie früher, als er noch ein braver Junge war mit angemessenem Hungergefühl, und was denn bitte zum Teufel ein Fitnessstudio sein soll, übte ich mich darin, Taylans Tanten davon abzubringen, Hochzeiten für mich zu arrangieren.

Als über 30-Jährige war ich für Taylans Verwandte wie nicht mehr ganz so frische Milch: am Umkippen. Die kriegt man eigentlich kaum mehr an den Mann. Aber »dank deiner rotblonden Haare« könne man da sicher noch was machen, ließ man mich wissen. Anschließend musste ich unter Aufsicht auf Facebook Abdullah, Emre, Serkan, Hasan, Barış und Onur die Freundschaft anbieten.

Von den Hartnäckigsten bekomme ich heute immer noch mehr

schlecht als recht auf Deutsch übersetzte Gedichte geschickt. Zum Beispiel das hier von Nâzım Hikmet, *dem* türkischen Nationaldichter:

Blick auf ihre Augen
ein sonniger, erdiger Geruch,
in einem Weizenfeld, in Kulturen
Ich bin verloren …
Eine riesige Klippe mit grünen Glitzern,
Deine Augen als die ewige Materie,
die sich ohne Unterbrechung und Ruhe verändert:
gib jeden Tag ein Stück Geheimnis
aber niemals
das wird nicht gänzlich aufgegeben …

Eigentlich ist Nâzım Hikmet mein Lieblingsdichter. Wenn man ihn nicht gerade durch Google Translate jagt.

Zum Glück habe ich aber keine echten eigenen Onkel und Tanten an der Backe, denen ich erklären muss, warum ich es nicht für eine gute Idee halte, Abdullah ungesehen zu heiraten, zu ihm nach Südostanatolien zu ziehen und hundert Kinder mit ihm zu bekommen.

Das liegt nicht etwa daran, dass meine türkische Verwandtschaft väterlicherseits von einem Virus dahingerafft worden wäre. Nein, es hat einfach nur mit dem echten oder gespielten Alzheimer meines Vaters zu tun.

Mein Vater ist zwar mehr oder weniger ein Einzelkind – sein Bruder aus der ersten Ehe meiner Großmutter (die genauso wie mein Großvater früh verstarb) war so viel älter als er, dass es quasi keinen Kontakt gab –, doch seine Eltern waren das keinesfalls.

Geschätzt zehn Onkel und Tanten müsste allein er selbst haben. Daraus ergäbe sich für mich und meinen Bruder eine nicht unerhebliche Anzahl an Großcousins und -cousinen – wenn, ja wenn man diese Onkel und Tanten namentlich kennen würde.

Entweder mein Vater agiert hier wie ein Mafiakronzeuge im Zeugenschutzprogramm, der jeglichen Kontakt zur Familie abbricht, oder aber er hat einfach nur ein Gehirn wie ein Sieb.

Wenn sich Türkisch sprechende Anrufer in unsere Telefonleitung verirren, macht mein Vater in rigidem Ton klar, dass wir nicht die Aykanats aus Soundso seien, sondern die ganz anderen Aykanats aus Soundso. Und dass wir auch schon immer aus Soundso kämen. Verwandtschaft also ausgeschlossen. Telefonat beendet.

Einmal aber suchte mein Vater tatsächlich selbst aktiv nach einem seiner Onkel. Dieser hatte jahrelang bei Turkish Airlines gearbeitet, und mein Schnäppchenjägervater hielt es für eine gute Idee, diesen Kontakt doch mal wieder aufzufrischen. Dumm nur, dass er sich an den Namen seines Onkels partout nicht erinnern konnte.

Aykanats gibt es zwar nicht so viele in der Türkei wie Öztürks oder Yilmaz, aber trotzdem noch genug. Und der Vorname seines Onkels wollte meinem Vater partout nicht einfallen. Das hätte von Ali bis Zeki alles sein können.

Also telefonierte er sich einen kompletten Tag lang durch alle Instanzen und Abteilungen in der Turkish-Airlines-Zentrale in Istanbul – bis er tatsächlich endlich auf einen Namen traf, bei dem seine Gehirnwindungen anschlugen!

Noch mit dem Hörer in der Hand stürmte er anschließend ins Wohnzimmer, um uns Folgendes zu verkünden: »Ich hab ihn! Ich hab, den … den … den Dings jetzt endlich gefunden!« Mein

Vater hatte auf dem Weg von seinem Zimmer zum Wohnzimmer den Namen seines Onkels schon wieder vergessen.

Ich habe also wie gesagt nicht mal einen richtigen Onkel. Was ich heute für einen Vorteil halte, da ich mich nicht von acht Tanten im Türkeiurlaub mit Essen vollstopfen lassen muss und mir kein Onkel ständig in die Backen kneift, bis sie pistaziengrün sind, empfand ich als kleines Kind als Makel.

Denn Verwandte sind in der türkischen Gesellschaft vom Stellenwert her vergleichbar mit Autos: Man hat zwar immer irgendeinen Ärger mit ihnen, aber man braucht sie nun mal, und sie sind ein wichtiges Statussymbol.

Wie wichtig Verwandte sind, zeigt auch die türkische Sprache. Da gibt es nicht etwa nur Onkel und Tanten. Nein, da wird auch penibel nach mütterlicher und väterlicher Seite differenziert. Tante ist zum Beispiel nicht gleich Tante. Es gibt die »yenge«, die »angeheiratete Tante«. Daneben aber auch noch die »echten« Tanten, bei denen wiederum zwischen »Schwester des Vaters« (»hala«) und »Schwester der Mutter« (»teyze«) unterschieden wird.

Dasselbe bei den Onkeln, damit man auch ja den Überblick verliert: »amca« für den Bruder des Vaters und »dayı« für den der Mutter. »Amca« wiederum kann man aber auch einen väterlichen Freund, mindestens aber einen Freund, der älter als man selbst ist, nennen. Wobei … wenn er nicht ganz so viele Jahre älter als man selbst ist, bietet sich auch »ağabey« an, also »großer Bruder«. Der echte eigene große Bruder ist natürlich auch der große Bruder. Die große Schwester wiederum die »abla«, wobei auch hier gilt, dass eine ältere Freundin ebenfalls »abla« genannt werden kann.

Aber zurück zum Onkel: Der Onkel, der natürlich üblicherweise auch von irgendwem der Vater oder Opa ist, aber eben für alle anderen der Onkel, ist meistens das Familienoberhaupt und diktiert, wie der Hase läuft. Er bestimmt, wann sich wer wo trifft. Was wer dabei anzuziehen hat. Wer wen heiratet, wer sich gerade wem gegenüber danebenbenommen hat und wer dafür beim nächsten Familientreffen mit besonderer Beachtung gestraft wird.

Einer der Onkels meines Vaters gilt gar als der Begründer der Aykanats. Denn es ist noch nicht so lange her, da gab es in der Türkei überhaupt keine Familiennamen. Beziehungsweise war die heutige Türkei damals noch das Osmanische Reich.

Doch dann kam Atatürk, der zwar »Vater der Türken« genannt wird, aber ich finde, »Onkel der Türken« hätte besser gepasst. Wie ein typisch türkischer Onkel bestimmte er, wer in der neuen modernen Türkei wen wann trifft. Was wer dabei anzuziehen hat (Hut ja, Fez nein. Kopftuch nein nein nein!). Wer wie zu sprechen hat (türkische Wörter ja, osmanische nein. Westliche Lehnwörter unbedingt!). Wer wen heiratet, wer sich gerade wem gegenüber danebenbenommen hat und wer dafür beim nächsten Familientreffen mit besonderer Beachtung gestraft wird.

Und er hat die Nachnamen eingeführt. Jede Familie musste sich also einen aussuchen. Der Onkel meines Vaters wählte »Aykanat«.

In Deutschland funktioniert heute alles für mich auch ohne Onkel. Doch in der Türkei wusste ich damals instinktiv: Hier kommt man ohne Onkel nicht weit. Ich wollte diesen Zustand der Verwandtenlosigkeit nicht akzeptieren, nahm aber eine wichtige Adjustierung vor: Ich suchte mir einen einzigen Onkel aus und ließ den ganzen weiteren lästigen Verwandtenauswuchs weg.

Onkel Çeko selbst hatte bei meinem Vorhaben wenig mitzureden. Sobald ich entschieden hatte, dass er mein Onkel werden würde, wich ich ihm mehrere Wochen nicht mehr von der Seite, um die Sache klarzumachen. Çeko mahte seinen Rasen: Ich lief ihm wie ein ergebener Dackel durch den Garten hinterher. Çeko ging zum Bakkal, dem kleinen türkischen Kiosk, um Kaugummi zu kaufen: Ich heftete mich an seine Fersen und glotzte ihn den gesamten Weg lang von der Seite an. Irgendwann begann er damit, mir selbstvergessen und wie automatisch über den Kopf zu streicheln, sobald ich neben ihm auftauchte. Ich gehörte jetzt eben zu seinem Leben dazu.

Endlich hatte also auch ich so einen Alphatieronkel, der mir in Sachen Selbstverteidigung, Bespaßung und Versorgung mit Grundnahrungsmitteln (was normalerweise Aufgabe der Tanten ist) zur Seite stand. Und wie sich herausstellen sollte, erwies er sich auch bei der Jagd auf Einbrecher und Wildsäue als äußerst hilfreich. Der türkische MacGyver: unser damaliger Nachbar Onkel Çeko!

Um Çekos herausgehobene Stellung zu unterstreichen, nannte ich ihn auch in der Türkei nicht »amca« oder »dayı«, sondern »Onkel«. Auf Deutsch. Er war alle Verwandten in einer Person.

Folgendes Theaterstück führten mein Bruder, Onkel Çeko und ich jeden Morgen auf: MacGyver fuhr in seinem hellblauen, halb verrosteten Lada in der Morgensonne die Auffahrt hoch. Mein Bruder und ich standen uns schon seit einer halben Stunde die speckigen Beinchen in den Bauch. An jenem Morgen hatten wir noch alle eigens aus Deutschland importierten Lippenstifte meiner Mutter zu Picasso-artiger Kunst auf dem Küchenboden verarbeitet und anschließend das große Olivenölfass, das mein Vater alle paar Monate extra vom Bauern herkarrte, darübergekippt. Meine Mutter wischte derweil irgendeine andere unserer Katastrophen auf, die wir vorher produziert hatten, und ahnte von alledem nichts. Es war bislang – aus unserer Sicht – ein äußerst erfolgreicher Morgen.

Onkel Çeko, der uns schon damals wie mindestens 70 vorkam, aber vermutlich höchstens 50 war, entstieg dem Wagen. Er kam gerade vom Bäcker zurück, so wie jeden Morgen. Er ging die Einfahrt hoch, vorbei an wuchernden pinken Bougainvilleen, Kippe im Mundwinkel angewachsen, mit zwei türkischen Weißbroten unter beide Achseln geklemmt.

Onkel Çeko hatte abstehende graue Haare, Geheimratsecken bis zu den Schulterblättern und eine von Tag zu Tag größer werdende Wampe. Im Alltag und auch zu wichtigeren Anlässen trug er grundsätzlich und ausnahmslos sehr locker sitzende Boxershorts. Sonst nichts. Winter wie Sommer. Auf diese Weise kam sein weißer Brustpelz, der an den Silberrücken in einer Gorillaherde erinnerte, schön zur Geltung.

Çeko wohnte direkt neben uns in einem stattlichen dreistöckigen Haus, das über und über mit Efeu und Bougainvilleen zugewuchert war. Er war nicht nur unser direkter Nachbar, sondern zugleich auch Vermieter unseres Hauses.

Er war mit Tante Fine verheiratet, der Frau mit dem besten schwäbischen Türkisch, mit der meine Mutter wochenlang versucht hatte, Leberstreichwurst nachzukochen. Das Ergebnis kennen Sie ja bereits.

Wie bestellt rannten wir ihm also wie jeden Morgen entgegen. Onkel Çeko zog währenddessen eines der Brote wie eine Pistole aus seinem Halfter – äh, seiner Achsel hervor, brach nacheinander beide Enden ab, reichte sie uns und sagte: »Na, ihr Quälgeister, ihr! Kriegt ihr bei eure Anne[6] nichts zu essen, oder was?« Onkel Çeko nannte uns immer nur »meine kleinen Brotaffen«.

Onkel Çeko war, abgesehen vom Brot, aus einem anderen Grund wichtig für mich: Er brachte mir bei, cool zu bleiben und auf meine Fähigkeiten zu vertrauen. Wenn ich heute vor wichtigen

---

[6] Nein, unsere Mutter heißt nicht Anne – »anne« ist Türkisch für »Mutter«.

Entscheidungen stehe oder das Gefühl habe, in einer Sackgasse gelandet zu sein, dann versuche ich mir vorzustellen, was Onkel Çeko jetzt tun würde.

Denn ich merkte schnell, dass Onkel Çeko einer dieser resilienten Türken war, die sich in Windeseile den Begebenheiten anpassen konnten. Zum Beispiel zwei plärrenden blonden Rotzlöffeln, die einen seltsamen deutsch-türkischen Kauderwelsch mit ihm sprachen und plötzlich jeden Tag hungrig in unserer gemeinsamen Auffahrt auf ihn warteten. Die Ehe mit einer Deutschen hatte den Vorteil, dass Onkel Çeko uns verstand. Und dazu war er noch pragmatisch und einfallsreich bis zur Schmerzgrenze: typisch türkisch eben.

Wer auch immer die Redensart von demjenigen erfunden hat, der »aus Scheiße Gold machen kann«, muss Onkel Çeko gekannt haben. Oder mindestens ein paar Türken.

Türken haben mit einer dermaßenen Wurschtigkeit vier Militärputsche überstanden, wie ich sie sonst nur von Bayern kenne, die unbeirrt seit Jahrzehnten die CSU wählen.

Gibt es Probleme mit dem Stromanbieter, zapfen sie eben die nächste Hochspannungsleitung an. Auch sprachlich sind sie äußerst erfinderisch. Gibt es im Türkischen ein bestimmtes Wort nicht, dann basteln sie eben eines, indem sie einfach das ausländische nehmen und ein paar Üs und Ös reinmachen. »Şoför« zum Beispiel.

In der Türkei wimmelt es nur so von Allroundtalenten. Nicht umsonst stammt das Wort »Generalist« vom türkischen Wort »Göneralüst«. Echt jetzt!

Onkel Çeko lebte wie die meisten in Marmaris vom Tourismus. Er war Tauchlehrer. Blieben die Touristen weg, weil irgendwo eine Bombe hochging, gab er sich völlig unbeeindruckt, kratzte sich am stets gut belüfteten Schritt und ließ sich etwas einfallen. Wer ko, der ko, würde man in Bayern sagen. Mein Onkel war bauernschlau.

Einmal fand mein Wahlonkel bei einem seiner Tauchgänge im Mittelmeer eine uralte Amphore. Riesig und noch völlig intakt. Ich weiß noch, wie er wie James Bond aus dem Wasser an den Strand kroch, in einem dieser etwas älteren, kiloschweren und pechschwarz glänzenden Ganzkörpertaucheranzüge. Onkel Çeko robbte viel langsamer als sonst durch den Sand, während meine Mutter, mein Bruder, mein Vater und ich auf Strandliegen herumlungerten und Sonnenblumenkerne aus ihren Schalen pulten.

Von Onkel Çekos geodreieckgroßen Geheimratsecken perlte das Salzwasser, er kniff die Augen zusammen und zog etwas Schweres an einem Seil hinter sich her. Ein paar Meter hinter Onkel Çeko tauchte nun eine Amphore peu à peu aus den Fluten empor. Am Strand angekommen, warf Onkel Çeko schnell sein Badetuch über das Ding, blickte uns verschwörerisch an und hielt sich den Finger an die Lippen.

Onkel Çeko war so begeistert von seinem Fund, dass er ihn zumindest bei sich zu Hause prominent ausstellen wollte. Er montierte eine Glasplatte auf das Gefäß, fertig war der antike Tisch. Eigentlich gehörte die Vase natürlich in ein Museum. Sie zu behalten war strengstens verboten. Ob er denn nicht Angst habe, dass ihm jemand draufkommt? »Wenn der Typ vom Museum vor der Tür steht, hol ich meinen Hammer und zerschlag das Ding. Scherben darf man behalten!«, konterte Onkel Çeko und lachte kehlig.

Onkel Çeko konnte eben wirklich alles.

Eines Tages standen mein Bruder und ich mal wieder wie zwei nicht bestellte Pakete in Onkel Çekos Einfahrt herum und warteten auf unsere vorfrühstückliche Brotration. Çeko stieg wie immer aus seinem Lada – aber dieses Mal hatte er eine zähnefletschende

Kreatur dabei, der der Sabber nur so aus den Lefzen lief. Brav schmiegte sich das Fleischknäuel, das offenbar ein besonders hässlicher Wachhund sein sollte, an Onkel Çekos haarige Waden. »Richte jetzt keine mehr Touristen ab, nix da! Mach ich jetzt mit Hunde, hahahahaha!«, tönte Çekos kehliges Lachen.

In Marmaris wurde damals oft eingebrochen und alles geklaut, was nicht niet- und nagelfest war. Onkel Çeko stellte dafür die Lösung bereit: Angst einflößende Monster. Die Zwinger für die Wachhunde baute er gleich auch noch, ein Rundum-sorglos-Paket à la Çeko.

Als weitere Standbeine jagte er Wildschweine, deren Fleisch er an Restaurants verkaufte, und baute im Garten eine Papageienzucht für seine reiche Klientel auf, denen er erfolgreich weismachte, dass die kreischbunten Viecher jetzt »çok şık«, also »sehr schick« waren.

Onkel Çeko war so überzeugend, dass bald jeder in Marmaris entweder einen Vogel oder Hund »Modell Çeko« bei sich daheim hatte.

Doch es stellte sich mit der Zeit heraus, dass die sogenannten Wachhunde völlig unbrauchbar dafür waren, Einbrecher zu vertreiben. Die Monster sahen einfach nur unfassbar hässlich aus, lagen ansonsten aber tiefenentspannt in ihren Zwingern herum. Sogar die Papageien machten mehr Eindruck.

Trotz Çekos seltsamer Ausflüge in die Welt des Unternehmertums sollte Familie Aykanat noch sehr dankbar sein für meinen Onkelinstinkt:

Eines Sommerabends saß ich mit meinen Eltern und meinem Bruder im Wohnzimmer, meine Mutter rieb uns Kinder zum hundertsten Mal mit Bodylotion aus dem Gefrierfach ein. Es hatte immer noch 40 Grad, allen rann nur so die Suppe herunter – da hörte man, wie es im Stockwerk drüber rumpelte. Schon wieder ein Erdbeben? Oder doch ein Einbrecher? Meine Eltern schlichen die Treppen hoch, wir Kinder klebten ihnen an den Fersen, denn es versprach spannend zu werden.

Oben angekommen, begann meine Mutter zu kreischen, als würden sich alle Çeko-Wachhunde von Marmaris gleichzeitig auf sie stürzen. Eine dunkle Gestalt wurschtelte im Mondlicht in einer der Kommoden im Elternschlafzimmer herum. Beim Anblick der Familie Aykanat rannte er sofort zur Balkontür. »Ich mache Hackfleisch aus dir, dann mache ich einen Hamburger daraus, und dann esse ich ihn auf!«, brüllte mein Vater auf Deutsch (die türkische Sprache ist sehr bildhaft, das merkt man vor allem, wenn man sie wortwörtlich ins Deutsche übersetzt, wie mein Vater das gerne macht. Mein Vater hat übrigens die Angewohnheit, in der Türkei grundsätzlich auf Deutsch und in Deutschland grundsätzlich auf Türkisch zu schimpfen. Vor allem im Straßenverkehr und im Angesicht von Polizisten hat ihn das schon vor der ein oder anderen Anzeige wegen Beleidigung bewahrt).

Plötzlich verdunkelte ein Schatten das Zimmer. Die Götterdämmerung in Boxershorts stand im Türrahmen: Onkel Çeko. Ein krächzender Papagei flog auf seinen Kopf und ließ sich auf einer seiner Geheimratsecken nieder. Ich schwör, genau so war's!

Onkel Çeko lud seine Wildschweinschrotflinte durch und schoss in Richtung Balkon. Mein Vater schnappte sich sein Gewehr aus dem Schrank, stellte sich neben Onkel Çeko und begann ebenfalls zu feuern. Währenddessen entspann sich folgender Dialog:

Onkel Çeko: »Auf wen schießen wir eigentlich, Atalay?«

Mein Vater: »Keine Ahnung, du hast doch angefangen!«

Onkel Çeko: »Ich dachte, du weißt, warum wir hier rumschießen!«

Mein Vater: »Du weißt doch, dass ich im Wald nicht mal auf Eichhörnchen schießen kann, die armen Viecher!«
Onkel Çeko: »Egal, wird schon den Richtigen treffen!«

Mein Vater und Onkel Çeko beschlossen, dass man jetzt doch auch mal aufhören könne zu schießen, und krochen halb liegend auf den Balkon. Der Einbrecher war inzwischen in Panik vom Balkon gesprungen und lag in einem unserer Orangenbäume, aus dem er sich gerade wild schnaufend befreite. Als wäre der Teufel höchstpersönlich hinter ihm her, suchte er schließlich das Weite.

Çekos menschenmordende Hundekreatur ließ derweil drüben im Zwinger einen Furz, sich ansonsten aber nicht aus der Ruhe bringen. Von dem Einbrecher zeugten nur noch ein zurückgebliebener Schuh auf unserem Balkon und eine arg in Mitleidenschaft gezogene Baumkrone.

Onkel Çeko entlud seine Schrotflinte und wedelte den bekloppten Papagei weg, der immer noch auf seiner Stirn saß. »Fineeeeeee, öff öff öff yaaa … bring du mal zwei kaltes Efes für mich und Atalay!«, brüllte er zu seiner Frau ins Nachbarhaus rüber.

Bei den Aykanats und Çekos wurde nie wieder eingebrochen.

Mein MacGyver-Onkel ist inzwischen leider gestorben. Ich wette, dass er sich irgendwie in den Himmel geschummelt hat. Und wenn ich mich so an ihn zurückerinnere, dann hätte er es auch in der Heimat meiner Mutter weit gebracht. Denn ein altes Schlitzohr weiß man in Bayern allemal zu schätzen.

Wer ko, der ko eben.

6

EIN DEUTSCH-TÜRKISCHER ROTZLÖFFEL

A Backl Fotzn is glei aafgrissn

Mein Bruder und ich sitzen vor Dreck starrend in der Badewanne und treiben meine Mutter vermutlich in den Wahnsinn. Jeden Tag, den wir in Marmaris draußen verbringen, schaffen wir es aufs Neue, maximal verdreckt heimzukommen. In der Badewanne braust uns meine Mutter immer erst einmal ab, um die gröbsten Brocken zu entfernen. Dann geht es ans Finetuning. Gummilatschen aus, T-Shirts und Hosen runter, von oben bis unten einseifen, einshampoonieren, hartnäckigen Dreck mit der Wurzelbürste bearbeiten.

Unser tägliches Bad muss meine Mutter eher ans Schuhputzen nach einer Klettertour im Wendelsteingebirge erinnert haben als ans Duschen nach einem Tag an der türkischen Mittelmeerküste.

Doch dieses Mal will mein Bruder partout seine durchgetretenen Latschen nicht hergeben. Sobald meine Mutter auch nur in die Nähe seiner Füße kommt, fängt mein Bruder an zu zetern, als hätte meine Mutter versucht, ihm den Heiligen Gral zu entreißen. Egal, bleiben die hässlichen Gummidinger eben an, gibt auch so genug an mir und meinem Bruder zu putzen. Meine Mutter ahnt allerdings schon, dass mein Bruder nicht plötzlich die Liebe zu seinen Flip-Flops entdeckt hat.

Da stimmt doch was nicht!

Ja, da stimmte tatsächlich ständig was nicht. Die Kindheit meines Bruders in Marmaris ist eine nicht enden wollende Aneinanderreihung von Lausbubentaten, wie sie sich Gerhard Polt nicht besser hätte ausdenken können. Und das will was heißen, schließlich hat Polt mit seinen Kindheitserinnerungen *Hundskrüppel* jedem bayerischen Lausbuben ein literarisches Denkmal gesetzt. Hätten wir damals schon in München gewohnt, dann hätte mein Bruder Attila bei unseren Nachbarn sicher die ein oder andere Fotzn – das kennen Sie schon von den Schulnonnen, das war eine Ohrfeige – kassiert. Oder – wie das Sprichwort so schön sagt: gleich ein ganzes Päckchen Ohrfeigen.

Nicht so in der Türkei, da kennt der bayerische Lausbub keine natürlichen Fressfeinde und kann sich unbehelligt entfalten. Da werden Kinder wie Heilige verehrt. Auch wenn sie ein Satansbraten wie mein Bruder sind.

Schon als kleines Mädchen bewunderte ich meinen Bruder dafür. Er fand sich überall zurecht. Er kannte keine Scham, keinen Anstand. Er hatte verdammt noch mal vor nichts und vor niemandem Angst. Schon früh hatte er gemerkt, dass man Kindern in der Türkei nicht lange böse ist und dass die Türken gute Gastgeber sind. Und das nützte er im kleinen Marmaris, das damals für uns kleine Kinder die ganze Welt war, schamlos aus.

Er tat dies meist nur mit kurzer Hose, T-Shirt und alten Gummilatschen bekleidet und sah dabei aus, als wäre Astrid Lindgrens Michel aus Lönneberga direkt vom Buchcover herab in unsere staubigen Straßen in Marmaris gesprungen: weizenblonde Haare, blitzblaue Augen, Stupsnase, Sommersprossen. Er machte den Eindruck, als könnte er kein Wässerchen trüben. Ausgestattet mit diesen Kindchenattributen hätte man ihn wohl selbst im »strengeren« Deutschland erst mal für die Unschuld vom Lande gehalten.

Er ging als eines dieser braven Kinder in der Fisher-Price-Werbung durch, die mit pädagogisch wertvollen Holzbauklötzchen spielen. Nur dass mein Bruder in den bunten Holzklötzchen kein Spielzeug sah, sondern Wurfgeschosse, die eben zufällig bunt sind. Und immerhin nicht so schlimm wie Steine, also eigentlich total harmlos.

Bei Attilas Meisterstück ging es auch mir an den Kragen. Sie erinnern sich an die Schlangen und Ratten? Die Anekdote erzählt man sich heute noch in meiner Familie. Mein Bruder schaut dann immer noch sehr stolz in die Runde, als hätte man gerade von seiner Promotion geschwärmt. Und die Geschichte geht so …

Unser Haus stand nicht weit vom Zentrum Marmaris entfernt in einer damals erst vor Kurzem erschlossenen Gegend. Überall wurde gebaut. Schräg gegenüber von uns wuchs ein Hotel in die Höhe, hinterm Garten entstanden einige Mehrfamilienhäuser. Die Straße war dementsprechend eher eine Geröllrampe voller Schutt und Schlaglöcher. Die geteerten Straßen begannen erst vorne an der Kreuzung, an der ein Amphitheater thronte, in dem im Sommer türkische Popstars auftraten.

Das Haus neben uns, in dem Tante Fine und Onkel Çeko wohnten, war viel größer als unseres, drei Stockwerke hoch mit Balkonen, die rings um das ganze Haus gingen. Ein wilder grüner Garten drum herum, und mitten drin die lammzahme Hundebestie, die es im letzten Kapitel ja nicht einmal geschafft hat, dem blöden Einbrecher in den Hintern zu beißen.

Eines Tages spielten wir also auf einem dieser Balkone im

ersten Stock. Tante Fine kochte währenddessen ein paar Zimmer weiter wieder irgendwas. Sie musste ständig kochen, denn Onkel Çeko hatte ständig Hunger.

Wie so oft wurde meinem Bruder schnell langweilig. Also hielt er es für eine gute Idee, doch mal zu erkunden, was so um und unter dem Balkon an Unterhaltung geboten war. Zunächst balancierte er in seinen viel zu großen, halb kaputten Gummilatschen auf dem Geländer herum. Da wurde mir schon schlecht. Dann begann er, irgendwem zu winken. Mit jedem Zentimeter, den mein Bruder über die Brüstung hinab, weiter in Richtung Böschung hing, drückte ich mich noch ein bisschen fester mit dem Rücken gegen die Backsteinwand und vergrub mein Gesicht in den Händen, nur um immer wieder entsetzt zwischen den Fingern hindurchzuspähen.

Da mein Bruder jedoch immer gerne Publikum – und Mittäter – bei seinen Taten hatte, musste ich ebenfalls an die Brüstung treten, um die herrliche Aussicht zu genießen. Die Aussicht war: eine Grube mit Bauschutt direkt unter dem Balkon. Die Bauarbeiter vom Grundstück nebenan warfen dort einfach alles hinein, was sie nicht mehr brauchten. Zerbrochene Dachziegel, alte Leitungen, Füllmaterial, Drähte, Schläuche. Mein Bruder fand dieses Sammelsurium höchst interessant. Damit war er nicht alleine, auch einige Schlangen, Heuschrecken und Schildkröten fanden es da unten sehr einladend.

Mein Bruder, neugierig, wie er war, beugte sich weit über die Brüstung, in der Hand einen Stock, um eine der Schlangen zu berühren. Dabei verlor er das Gleichgewicht, kippte vornüber – und schnappte sich bei seinem Fall in die Tiefe noch schnell die Hand seiner kleinen Schwester. Ich schnalzte wie ein Gummiband hinterher und landete neben meinem Bruder in der Schuttgrube zwischen Schlangen und Schildkröten.

So was machte mein Bruder ständig! Den ganzen Unsinn alleine zu betreiben bereitete einfach nur halb so viel Freude. Also wurde ich, wenn denn irgendwie möglich, auf jeden Fall in die Sache mit reingezogen: in die Schuttgrube, zu Onkel Çeko, um um Brot zu betteln, zu den Bauarbeitern, am Kiosk Kaugummis klauen, die Lippenstifte meiner Mutter zerstören, die sie sich extra aus Deutschland hatte mitbringen lassen, das Olivenfass in der Küche umkippen. Manchmal stiftete er mich sogar dazu an, im Waschbecken ein Bad zu nehmen. Das Kreischen meiner Mutter, wenn sie uns bei einer unserer Schandtaten erwischte, muss ihm unsagbare Freude bereitet haben.

In München hätte man meinen Bruder wie gesagt einen »Hundskrüppel« genannt, wenn man denn in München noch Dialekt sprechen und solche Begriffe überhaupt noch kennen würde. In Marmaris war mein Bruder ein Macher. Einer, aus dem später bestimmt mal was wird.

Als wir später wieder in München lebten, wir waren etwa fünf und sechs Jahre alt, sah man das nicht ganz so. Zurück in Bayern verbrachten wir jeden Samstagvormittag mit unseren Eltern im größtmöglichen Supermarkt der Stadt. Und in diesem Megasupermarkt gab es immer irgendwelche Sonderaktionen. An einem dieser Samstage zum Beispiel Gratis-Cola. Man musste nur hingehen, seinen Kassenbon kurz vorzeigen, der mit einem roten Stift markiert wurde, und konnte sich dann eine Cola aus einem der Sixpacks herauslösen.

Während ich mich nicht ein einziges Mal hintraute und lieber im Boden versunken wäre, als nach der Gratis-Cola zu fragen, kam mein Bruder schon mit der ersten Cola zurück. Aber nicht mit einer einzelnen Flasche, sondern gleich mit dem ganzen Sixpack.

Anschließend postierte er sich an der Kasse und nervte jeden Kunden so lange, bis die ihm ihre Kassenbons aushändigten. Mit seinem Stapel frischer Zettelchen stellte sich mein Bruder wieder bei der Gratis-Cola an. Unser Keller sah nach diesem Vormittag aus wie ein Getränkemarkt. Wir hatten Cola bis zum Jahresende. Und mein Bruder war seitdem bei den Supermarktangestellten als Ausgeburt der Dreistigkeit berüchtigt. War ihm aber wurscht.

In Marmaris jedoch galt Attila einfach nur als aufgewecktes Bürschchen. Dementsprechend ruhig blieben unsere Nachbarn, als wir mal wieder unser Unwesen trieben. Statt uns zu verpetzen, packte wahlweise Onkel Çeko, oder wer sonst gerade in der Nähe war, uns unter den Achseln und zog uns aus dem Schlamassel, in den wir uns gerade hineinmanövriert hatten. Dieses Mal eben aus einer Schlangengrube. Die Schlangen hatten zum Glück mehr Angst vor meinem Bruder als wir vor ihnen – genauer gesagt: er vor ihnen. Ich bin mir nämlich nicht sicher, ob das damals auch für mich galt.

Ich war, was Tatendrang und Abenteuerlust anging, schon immer in der Familie das »deutschere« Kind. Wenn mein Bruder und ich zum Beispiel die grandiose Idee hatten, Teelichter direkt auf die eingeschaltete Herdplatte zu stellen, um flüssiges Wachs zum Spielen herzustellen, dann die Teelichter auch noch anzuzünden – geht schließlich schneller – und dadurch einen halben Großbrand in der Küche auslösten, ja dann beseitigten mein Bruder und ich, so gut es ging, alle Spuren und taten vor meinen Eltern so, als wäre nichts gewesen. Mein Bruder hatte selbst mit den dreistesten Lügen keinerlei Probleme: »In der Küche riecht es verbrannt? Echt? Ich rieche nichts.« Ich hingegen platzte vor lauter schlechtem Gewissen bei der nächstbesten Gelegenheit mit der Wahrheit heraus. Vielleicht ist das ja mein bayerisch-katholisches

Erbteil. Beichten erleichtert und so. Meine Riedenburger Oma wäre sicherlich stolz auf mich gewesen.

Mein Bruder hätte mich dann immer am liebsten umgebracht. Er lebte nach der Devise: Das müssen die uns erst mal nachweisen, dass wir das waren! Das musste er von Onkel Çeko haben. Ich hingegen war kreuzbrav und korrekt wie ein deutscher Beamter.

Als wir am Abend unseres geheimen Großbrandes im Stockbett lagen, mein Bruder natürlich oben, ich unten in sicherer Nähe zum Boden, kam mein Vater herein und fragte, ob wir wüssten, warum die hintere rechte Herdplatte nicht mehr geht. Mein Bruder flötete, ohne rot zu werden: »Echt, die geht nicht? Keine Ahnung.« Beamten-Deniz, die ich bin, fiel ich meinem Bruder eiskalt in den Rücken. Ich beichtete alles.

Mein türkischer Vater war so viel Ehrlichkeit nicht gewohnt, er war so perplex, dass er uns nicht mal bestrafte. Was zu völlig unterschiedlichen Bewertungen der ganzen Situation bei mir und meinem Bruder führte: Während ich aus dem Desaster den Schluss zog, dass ehrlich am längsten währt, merkte sich mein Bruder: Fast die Küche abzufackeln ist gar nicht so schlimm.

Fast von Schlangen gefressen werden auch nicht. Für meinen Bruder war es eben wieder mal ein gelungener Tag in Marmaris. Er wusste nun, was hinter unserem Haus getrieben wurde (Baustellen überall), und fand das höchst interessant. Es war für ihn an der Zeit, seinen Tätigkeitsbereich auszuweiten.

Womit wir wieder bei den Gummilatschen wären, die mein Bruder ums Verrecken nicht ausziehen wollte.

Als mein Bruder auch abends vor dem Fernseher und beim Zubettbringen seine Latschen anbehalten wollte, wurde meine Mutter dann doch misstrauisch. Mit einem rabiaten Griff, den jede Krankenschwester draufhaben sollte, packte sie ein Beinchen meines Bruders und versuchte, ihm eine der Latschen vom Fuß zu ziehen. Doch es rührte sich nichts. Das Plastikding klebte an der Fußsohle meines Bruders fest! Und da brach sogar der furchtlose Attila in herzzerreißendes Wimmern aus. Auch der andere Schuh war mit meinem Bruder wie verwachsen.

In mühsamer Fummelarbeit, ausgerüstet mit Wundsalbe und Olivenöl, schaffte es meine Mutter, dem zeternden Attila über mehrere Abende hinweg die Latschen von den Füßen zu fieseln. Übrig blieben zwei angesengte Klumpen und ein Häufchen Plastikbrösel. Mein Bruder war erleichtert und trampelte alsbald wieder munter durchs Haus.

Allerdings wollte er ums Verrecken nicht damit herausrücken, wie in Gottes Namen er es geschafft hatte, sich seine Latschen an die Füße zu kleben. Mit Kleber? Oder waren die Schuhe in der heißen Augustsonne einfach geschmolzen? Aber sie waren nun wirklich extrem mit der Hornhaut seiner Sohlen verwachsen gewesen. Wie sollte das die Sonne geschafft haben?

Was für ein Glump,[7] dachte sich meine Mutter und kaufte meinem Bruder neue Latschen. Sie dachte wohl, dass die Sache damit erledigt wäre – bis wir ein paar Tage später mal wieder vor Dreck starrend in der Badewanne saßen und meine Mutter den Wasserschlauch auf uns richtete wie in einer Autowaschanlage. Wie schon beim letzten Mal wollte mein Bruder seine Latschen partout nicht ausziehen. Meine Mutter beschloss, Attila einige Tage lang zu beschatten.

Auf ihren Verfolgungstouren bestätigten sich noch so einige Dinge, die sie schon lange geahnt hatte. Sie hatte sich zum Beispiel schon immer gefragt, warum mein Bruder beim Abendessen

---

[7] Bairisch für einen »qualitativ minderwertigen Gegenstand«.

oft so wenig aß. Oder warum er manchmal für Stunden verschwand, wenn die Familie einen Nachmittag am Strand verbrachte. Beim nächsten Mal verfolgte meine Mutter seine Spur nach ungefähr zwanzig Minuten. Sie fragte den Bademeister, ob er einen kleinen blonden Rotzlöffel gesehen habe (hatte er, Richtung Restaurant), und schlich dorthin.

Das Restaurant war leer, der Mittagstisch schon vorüber. Meine Mutter inspizierte die Ecke mit der riesigen Kühlbox, wäre ja nicht das erste Mal gewesen, dass sich mein Bruder gratis mit Eis am Stiel versorgt hätte. Aber kein Attila weit und breit.

Doch plötzlich hörte meine Mutter hinter einer der Türen Stimmen. Das musste die Küche sein. Vorsichtig schob sie die Tür einen Spalt auf und sah: meinen Bruder. Auf einem Stühlchen thronend zwischen einem Dutzend Kellnern und Köchen, die um ihn herum auf Kissen auf dem Boden saßen. Mein Bruder kaute.

Und kaute und schluckte und kaute. Alle paar Minuten bekam er etwas anderes gereicht: ein Stück Brot, Oliven, gefüllte Weinblätter. Man schob ihm Stückchen mit Schafskäse in den Mund, ein paar Röllchen Börek, dann wieder ein Stück Brot, Gurkensuppe, ein paar Löffel grüne Bohnen und krosse Scheibchen gebratene Aubergine. Zwischendurch wuschelten sie ihm durch den weizenblonden Schopf, kniffen ihm in die Bäckchen und blickten ihn selig an.

Mein verfressener Bruder war so mit seinen Essensadlaten beschäftigt, dass er meine kopfschüttelnde Mutter gar nicht bemerkte.

Es war nicht das erste und ganz bestimmt nicht das letzte Mal, dass mein Bruder sich in der Türkei selbst versorgte. Und er tat das überall. Wenn meine Mutter mit mir und meinem Bruder auf den Markt ging und wir zwischendrin Hunger bekamen und deshalb unleidlich wurden, parkte sie uns vor dem Miesmuschelstand. Für ein paar Lira konnte man sich da quasi füttern lassen.

Die fangfrischen Muscheln an solchen Ständen sind bereits gekocht, geöffnet und die Hälften mit gewürztem Reis gefüllt. Auf kreisrunden Tabletts sind die Muscheln fächerartig angeordnet. Man muss sich nur noch hinstellen und vom Verkäufer eine Muschelhälfte nach der anderen mit Zitrone beträufeln und geben lassen. Am Ende der Fressorgie zählt der Verkäufer die leeren Schalen und kassiert dementsprechend ab.

Mein Bruder und ich standen also an fast jedem Marktsamstag vor einem solchen Stand und schlangen Muschel um Muschel in uns hinein. Meine Mutter zahlte und hatte für die nächsten fünf Minuten Ruhe vor uns Quälgeistern.

Mein Bruder merkte sich das natürlich, und während meine Mutter und ich nach dem richtigen Käse und den passenden Oliven suchten, setzte sich mein Bruder ein ums andere Mal ab und ließ sich umsonst am Muschelstand verpflegen. Wie das möglich war? Einem blonden Haarschopf und strahlend blauen Augen kann selbst der geschäftstüchtigste Miesmuschelmann nichts entgegensetzen.

Dass mein Bruder von all dem Essen nicht fett wurde wie eine türkische Nachspeise, lag schlicht daran, dass er ab 6 Uhr in der Früh wie ein Duracell-Häschen durch Marmaris hüpfte. Manchmal eben mit angesengten Gummilatschen am Fuß.

Meine Mutter wusste nun also, wo mein Bruder seine Sonderrationen herbekam. Doch auch die angewachsenen Latschen musste er sich da draußen irgendwo geholt haben. Eines Morgens nach dem Frühstück verfolgte sie meinen Bruder erneut. Der streifte zunächst unschuldig in der Gegend herum, holte sich dann mit mir wie jeden Morgen seine Ration Brot bei Onkel Çeko ab.

Doch etwas schien ihn wie magisch anzuziehen. Er wurde immer ungeduldiger, meine Mutter konnte ihm von ihrem Versteck hinter einem Oleanderbusch aus ansehen, wie aufgeregt er war. Irgendwann ließ mein Bruder seine langweilige kleine Schwester, also mich, stehen und wieselte schnell hinter unser Haus. Er muss gewusst haben, dass er etwas Verbotenes tat. Meine Mutter folgte ihm auf dem Fuße.

Hinter dem Haus machten die Bauarbeiter gerade Mittagspause. Ein kleines Lagerfeuer aus alten Holzbrettern loderte inmitten des Grüppchens, das ringsherum auf alten Autoreifen saß und Reis mit Bohnen aß, ein typisches, ursprüngliches Armeleuteessen in der Türkei, das mittlerweile jeder gerne isst. Mein Bruder saß auf dem Schoß einer der Männer und verspeiste dessen halbe Ration. Gesättigt blickte er anschließend reihum, offenbar war ihm mit beendeter Nahrungsaufnahme schon wieder langweilig.

Meine Mutter wollte gerade aus ihrer Deckung treten, meinen Bruder wegziehen und sich bei den Arbeitern entschuldigen, da tat mein Bruder einen großen Sprung über das Lagerfeuer. Seine zu großen Latschen fielen ihm dabei fast von den Füßen und klatschten erst kurz bevor er auf den sandigen Boden auftraf wieder gegen seine Fußsohlen.

Anschließend nahm er gleich noch einmal Anlauf und sprang wieder über das Feuer. Er konnte gut springen, war sportlich, aber die Flammen loderten derart in die Höhe, dass auch ein waghalsiger Dreikäsehoch wie mein Bruder ihnen nicht entkam. Als er beim dritten Mal über das Lagerfeuer sprang, hingen seine Latschen für einen kurzen Moment komplett im Feuer.

Mit einem Sound, der eine Mischung aus Schmatzen und Quietschen war, landete er auf der anderen Seite mit den Fußsohlen wieder in den Latschen. Oder eher: in einer heiß gewordenen, halb flüssigen Masse. Es roch nach verbranntem Plastik, so wie wenn bei einem Zug die Bremsen heiß laufen. Kurz verzog er vor Schmerz das Gesicht, doch dann war auch alles schon wieder abgekühlt, und mein Bruder wollte mit den praktischerweise nun an seinen Füßen angeschweißten Latschen ein viertes Mal springen.

Doch da packte meine Mutter Attila schon am Arm, begleitet von einem spitzen »Attilaaaaa!« Die Bauarbeiter lachten sich kaputt und raunten meinem zeternden Bruder zu: »Haben wir dir doch gesagt, dass du lieber barfuß übers Feuer springen solltest.«

Meine Mutter erklärte die Baustelle dann zur No-go-Area. Deutsche Politiker erklären ja gerne mal den Osten Deutschlands zur No-go-Area: für ausländische Touristen während der Fußball-WM, für Schwarze oder für Deutschtürken und sonstige Migranten. Meine Mutter hingegen wusste schon immer: Die wahre No-go-Area für einen deutsch-türkischen Rotzlöffel ist: überall.

Deshalb war es meinem Bruder natürlich auch egal, dass er nicht mehr auf die Baustelle durfte. Er hatte schon längst den nächsten Gegenstand ausgemacht, der gefährlich genug war, um größtmögliche Freude zu bereiten: die einzige Steckdose im ganzen Haus, bei der meine Mutter vergessen hatte, eine Kindersicherung anzubringen.

Wir hatten wirklich unzählige Steckdosen im Haus. Sogar auf den Balkonen. Und auf einem der hinteren Balkone befand sich exakt die eine ungesicherte Steckdose, die mein Bruder auch prompt ausfindig machte. Darin popelte er gerne mit der Metallschere herum, bis er einen Stromschlag bekam. Anschließend lief er heulend zu meiner Mutter, die sich nicht erklären konnte, was meinen Bruder so aufregte. Die Wahrheit erzählte der Meisterlügner ihr natürlich nicht – schließlich versprach er sich von seinem Fund noch so einiges an Spaß. Außerdem tat der Schlag zwar weh, aber irgendwie war er natürlich auch spannend. Also wiederholte mein Bruder seine Stromaktion ein paarmal, bis meine Mutter ihm auch hier auf die Schliche kam.

Als wir zurück nach München zogen, übertrug mein Bruder sein Lausbubenverhalten eins zu eins auf die hiesige Nachbarschaft. Blöd nur, dass hier kaum Türken wohnten. Durchschnorren konnte sich mein Bruder in der Wohnsiedlung am Rande von München nicht, also konzentrierte er sich einfach nur noch aufs Unsinntreiben.

Aus Marmaris hatte er zum Beispiel ein paar türkische Schimpfwörter mit nach Deutschland gebracht. Ein besonders schönes: »eşol eşek«, »Sohn eines Esels«. Oder ähnlich kreativ: »boklu bok«, »beschissene Scheiße«. Mein Bruder wusste, dass man das in der Öffentlichkeit nicht einmal seinem Todfeind in der Türkei hinterherrufen würde. Das machte es gleich noch viel interessanter für ihn. Fortan nannte er alles und jeden vom Hausmeister bis zum Postboten in unserer Nachbarschaft einen Eselssohn oder eben eine beschissene Scheiße. Er lachte sich ins Fäustchen, weil ihn keiner verstand. Zumindest glaubte er das.

Bis sich der Postbote bei meinem Vater beschwerte. Er war der Sohn der Nachbarsfamilie, der einzigen türkischen weit und breit. Sie wissen schon, die, in der der Vater am Wochenende immer den BMW in der Hofeinfahrt wusch. Die BMW-Familie war derart gut assimiliert, dass mein Bruder nicht gemerkt hatte, wen er da vor sich hatte. Schließlich verteilte der deutsch-türkische Postbote seine Briefe so penibel, wie es sich kein CSU-Politiker in seinen kühnsten Träumen vorstellen kann. Er sah nicht einmal besonders türkisch aus – wobei Sie ja mittlerweile mitbekommen haben, dass selbst der Vater der Türken, Atatürk, nicht besonders türkisch aussah.

Zunächst rief dieser Postbote bei uns zu Hause an und wollte meinem Vater verklickern, was seine Brut in der Nachbarschaft so trieb. Aber Sie kennen ja inzwischen meinen Vater ein bisschen und wissen, wie gut er darin ist, Türken am Telefon abzuwimmeln. Könnte ja schließlich jemand aus der eigenen Familie sein. Bei der nächsten Briefzustellung musste mein Bruder dann aber dran glauben. Mein Vater drohte Attila an, Hackfleisch aus ihm zu machen, und riet ihm gleichzeitig, künftig auf Französisch zu schimpfen. Das verstand dann wirklich keiner in unserer Nachbarschaft.

Bis auf diesen Zwischenfall trieb mein Bruder sein Unwesen in unserer Münchner Nachbarschaft weitgehend unbehelligt. Meine Mutter konnte ihm nicht mehr folgen, weil sie wieder arbeiten ging. Nach dem Kindergarten, oder später der Schule, waren mein Bruder und ich auf uns allein gestellt. Und das türkische Temperament meines Bruders musste eben irgendwie raus: indem wir stundenlang übten, wie man einen Fußball synkopisch korrekt gegen das Einfahrtstor ballert, oder den eigenen Stimmumfang mit Hall in der Tiefgarage testeten.

Dazu kam, dass Attila die anderen Kinder in der Nachbarschaft auch noch anstiftete, täglich neuen Blödsinn zu machen. Er galt nicht nur als ungezogenes Balg, sondern auch noch als Rädelsführer, der die armen unschuldigen anderen Kinder verführte. Was voll und ganz der Wahrheit entsprach.

Allerdings verstand meine Mutter nie, warum sich die anderen Eltern in der Nachbarschaft immer so fürchterlich über meinen Bruder aufregten. Hier gab es immerhin weder Schlangengruben noch Bauarbeitergrüppchen, die Feuer hinterm Haus machten.

Wenn die wüssten, was ihren braven Kindern in Marmaris geblüht hätte.

Ich überlasse es Ihrer Urteilsfähigkeit, zu entscheiden, was denn nun der bessere Weg zu einer glücklichen Kindheit ist …

7

KAUDERWELSCH

Eine Sprache, ein Mensch.
Zwei Sprachen, zwei Menschen.

BIR LISAN, BIR INSAN. IKI LISAN, IKI INSAN.

Mein Vater steht in grauen ausgeleierten Schlafanzughosen im Hauseingang. In der einen Hand einen Schraubenzieher, in der anderen die Fernbedienung. Seine buschigen rotbraunen Augenbrauen thronen wie ein Giebeldach auf seiner Stirn, die Augen blicken stechend in meine Richtung. Er sieht aus wie eine Mischung aus Theo Waigel, Gargamel von den Schlümpfen und Atatürk. »Hallo. Schau amal zu, dann lernst was«, sagt er und verschwindet sogleich in Richtung Küche. Ich folge dem Schnalzen seiner pinken Crocs, die gegen seine Fußsohlen klatschen.

In der Küche liegt mein Vater bereits bäuchlings halb im Herd drin und fummelt an mehreren Kabeln und Drähten herum. »Jetzt pass amal auf«, sagt er und deutet auf die Herdplatte. Er murmelt ein paar Zahlen auf Türkisch. Nach einigem Herumgekruschel fängt die Platte an, rot zu leuchten. »Ha!«, tönt es aus der Backröhre. Ich sage den Satz, den ich immer auf Lager habe, sobald mein Vater mir irgendetwas vorführt, von dem ich keinen blassen Schimmer habe: »Wahnsinn, Papa, wie du das nur wieder gemacht hast!« Darauf sagt mein Vater: »Ich hab einfach das Dings hier in das Ding da reingedingert.«

Mein Vater spricht akzentfrei Deutsch mit sehr subtilem bairischen Einschlag, Türkisch natürlich sowieso, daneben ziemlich gut Englisch. Nach einer Woche Familienurlaub auf Mallorca hatte er genug Brocken des dortigen Dialekts aufgeschnappt, sodass wir wirklich die viel gepriesenen »schönen Ecken der Insel ohne Touristen und Ballermann« entdecken konnten. Andere Sprachen und Dialekte zu lernen reichte ihm allerdings nicht. Darüber hinaus hat mein Vater auch noch seine eigene Sprache erfunden: die Dings-Sprache.

Mein Vater kriecht aus der Backröhre hervor, in der Hand immer noch die Fernbedienung, das wichtigste Ding aller Dinge. Wie angeklebt begleitet sie meinen Vater zum Kühlschrank, aus dem er sich einen Saft holt, weiter ins Wohnzimmer auf die Couch. Dort lässt er die heilige Fernbedienung auf dem Plateau ruhen, das sein Bauch bildet, wenn er lässig halb liegend wie ein leicht übergewichtiger Sultan zwischen den Kissen thront.

Ich stehe wie bestellt und nicht abgeholt im Türrahmen und stammele: »Willst du nicht den Herd wieder zusammenbauen?« Ich kann den Satz gerade so beenden, da schneidet ein »Schhhttt!!!« durch die Luft. Seine Lieblingsserie beginnt, es muss absolute Ruhe herrschen.

Wenn mein Vater zu Hause ist, läuft ununterbrochen der Fernseher. Für Türken ist ein Fernseher nämlich nicht einfach irgendein technisches Gerät. Er ist ein Familienmitglied. Und die Fernbedienung ist die natürliche Verlängerung zu Onkel Fernseher, die man hegen und pflegen muss. Die Fernbedienung heißt im Haushalt Aykanat deshalb nicht einfach Fernbedienung, sondern »die Macht« oder »der Telecommander«.

Man kennt das von vielen türkischen Haushalten in Deutschland. Die Bude kann noch so klein sein, am Fenster hängt trotzdem eine überdimensionierte Satellitenschüssel, damit man alle hundertfünfzigtausend türkischen Sender empfangen kann.

Auch im Leben meines Vaters spielt der Fernseher eine tragende Rolle. Aber nicht, um sich hysterische türkische Samstagabendshows anzusehen, nein, eine Satellitenschüssel erfüllte zum Glück nie die ästhetischen Anforderungen meiner Mutter an unsere Außenfassade. Mein Vater schaut auf dem Fernseher mit deutscher Verlässlichkeit seine Lieblingsserie: »Dahoam is Dahoam«. Die Sendung des Bayerischen Rundfunks ist eine Mischung aus »Gute Zeiten, schlechte Zeiten« auf Bairisch, mit einem ordentlichen Schuss »Zwischen Spessart und Karwendel« und Komödienstadl. Auf türkisches Fernsehen ist mein Vater nicht angewiesen. Er versteht Deutsch und Bairisch genauso gut.

»Der Dings da hat die Ding mit dem Dings betrogen«, sagte mein Vater in diesem Augenblick und zeigte mit der Fernbedienung auf den Bildschirm. Er sah mich dabei mit einem staatstragenden Blick an, als hätte er mir eben verkündet, dass der erste Türke soeben auf dem Mond gelandet ist.

Ich wusste aber trotzdem sofort, was er meinte. Ebenso wie mein Bruder genau weiß, welches Tau er im Türkeiurlaub beim Anlegen vom Schiff werfen muss, wenn mein Vater brüllt: »Nimm das Dings und dinger es zum Ding rüber!« Bedeutet: Nimm jenes Seil da drüben und wirf es dem Cengiz, der an der Kaimauer steht, entgegen.

Allerdings hat es Jahre gedauert, bis außer meinem Vater irgendjemand in der Familie kapierte, wann welches Dings welches ist. Zu allem Überfluss weitete mein Vater die Dings-Syntax auch noch auf Adjektive und Verben aus: Der Dings ist ja ziemlich dings oder rein-, rauf-, um- und abdingern. Es war eine ziemliche Herausforderung, aber mittlerweile sind wir eine in Dings-Hinsicht eingespielte Familie.

Eines darf man bei der Dings-Sprache meines Vaters aber nicht vergessen: Sie ist lediglich seiner Bequemlichkeit geschuldet, nicht etwa mangelhaften Deutschkenntnissen. Die sind nämlich phänomenal gut. Sie sind so gut, dass mein Vater – ohne dass Außenstehende die fließenden Übergänge noch nachvollziehen könnten – unbemerkt vom Türkischen über die Dings-Sprache ins Deutsche wechseln kann. Und das alles mit subtilen bairischen Dialektanleihen.

An diesem Tag demonstrierte er das mal wieder: Mein Vater thronte immer noch halb liegend vor dem Fernseher, als mein Bruder hereinkam. Der war zwar der Herdreparatur entkommen, sollte ihm aber heute seinen neuen Laptop einrichten.

Mit den Worten meines Vaters: »Şey oğlum, dinger amal das Ding so, dass ich ins Ding eine komme, aber dalli dalli, ned so dings. Sonst mache ich Hackfleisch aus dem Typen bei Vodafone, dass der vor lauter Bäumen nicht mehr in den Wald will.« Übersetzt bedeutete das: »Also, ähm, mein Sohn, bitte konfiguriere meinen neuen Laptop, damit ich mit ihm ins Internet komme, aber hoffentlich geht das dann alles schneller als beim letzten Mal, sonst kündige ich meinen Vertrag bei Vodafone.«

Lieber Leser, Sie haben das Sprachenwunder Atalay Aykanat gerade live und in Aktion erlebt: kurze Einführung mit türkischen Wörtern, die sogar mein Bruder kennt. Dann sogleich Wechsel in die Dings-Sprache mit bairischen Einsprengseln, wieder Wechsel ins Deutsche mit türkischer Bildsprache und Ausklang mit türkifiziertem deutschen Sprichwort.

Noch mal zum Mitschreiben: Mein Vater startete mit den türkischen Worten »şey« und »oğlum«. »Şey« bedeutet eigentlich »Ding« oder »Sache«, wird im Türkischen aber als Allzweckfüllwort verwendet. Es kann von »ähm« bis »zefix« ungefähr alles bedeuten. Deshalb entwickelte mein Vater aus diesem praktischen Wort ja auch fürs Deutsche seine Dings-Sprache. »Oğlum« bedeutet »mein Sohn«, direkte Verwandte bezeichnet mein Vater ausnahmsweise nicht mit »der oder die Dings«.

Weiter ging es mit klassischer Dings-Sprache: als Verb, zweimal als Akkusativobjekt, dann als Adjektiv. Eingeschlichen hatte sich hier auch noch eine bairische Färbung (»amal«, »eine komme«, »ned«) und ein Kurzausflug ins Polnische (»dalli, dalli«) – der allerdings vermutlich eher unbeabsichtigt. Dann ein direkter Übergang ins Deutsche, vermischt mit türkischer Bildsprache: »Jemanden zu Hackfleisch machen« ist, wie Sie vielleicht bereits gemerkt haben, einer der liebsten Ausdrücke meines Vaters. Begleitet wird diese Aussage stets von einer sehr typischen türkischen Geste, nämlich Handflächen, die aneinanderreiben, beziehungsweise Hände, die sich selbst schütteln. Diese Geste bedeutet »fertigmachen« in zweierlei Hinsicht: etwas erledigen oder auch, nun ja, jemanden erledigen.

Mein Bruder kann davon ein Lied singen. Während seiner schlimmsten Lausbubenzeit hörte er von meinem Vater fast täglich, dass er ihn »zu Hackfleisch machen« werde. Zum Beispiel nach der Sache mit der Schlangengrube oder als er unseren Nachbarn »Sohn eines Esels« genannt hatte. Es gab allerdings noch eine Steigerung vom reinen »Zu-Hackfleisch-Machen«. Wenn es mein Bruder besonders wild trieb, dann sagte mein Vater das hier: »Wenn du jetzt nicht sofort deine Hausaufgaben erledigst, dann mache ich Hackfleisch aus dir. Und dann mach ich einen Hamburger daraus und dann ess ich ihn auf!« Und während er das sagte, rieb er unaufhörlich die Handflächen nach »Fertigmachen-Art« aneinander.

Allerdings hatte das ganze Hackfleischspektakel nicht die gewünschte Wirkung. Die Vorstellung, wie mein Vater einen aus meinem Bruder geformten Hamburger verzehren würde, löste bei allen eher Lachkrämpfe aus. Mein Vater wollte besonders martialisch klingen. Die türkische Sprache, in der er oft noch denkt, ist aber so blumig und bildreich, dass sie in deutschen Ohren eher wie ein Gedicht als wie eine Kampfansage klingt.

So geht das die ganze Zeit im Aykanat'schen Haushalt. Das Europäische Parlament mit seinen zigtausend Simultandolmetschern ist ein Dreck dagegen. Ich glaube, dass ich es zum großen Teil der Mehrsprachigkeit in meiner Familie zu verdanken habe, dass ich mich so leicht in verschiedenen Welten bewegen kann. Im Türkischen gibt es das Sprichwort »Eine Sprache, ein Mensch. Zwei Sprachen, zwei Menschen«. Es bedeutet: Wer eine Sprache spricht, der ist ein Mensch. Wer aber zwei Sprachen spricht, der gilt als zwei Menschen. Wenn das stimmen sollte, bin ich sogar drei Menschen.

Manchmal spreche ich so klares Hochdeutsch, dass man mich für eine unterkühlte, hochnäsige Gymnasiastin aus Norddeutschland halten könnte. Hochdeutsch-Deniz knipste ich zum Beispiel immer dann an, wenn ich als Grundschulkind bei meiner Freundin Marie-Kristin zu Besuch war. Die hatte einen Professorenpapa und eine Doktorenmutter, und es ging dort sehr gediegen zu. Vor dem Essen wurde gebetet, die Eltern sprachen sich gegenseitig mit »die liebe Mama« und »der liebe Papa« an. Ich fand das damals schon seltsam – wie in Gottes Namen sollte denn die eigene Frau für einen »die liebe Mama« sein – aber ich ließ mir nichts anmerken. Mensch Nummer eins eben.

Die hochdeutsche Version meiner selbst kommt mir auch heute noch zugute, wenn ich zum Beispiel meine Tante in Berlin besuche. Da sind Besucher aus Bayern nicht so wahnsinnig gern gesehen, und ich ernte immer anerkennende Blicke, weil ich nie »gell« oder »ja mei« sage.

Ich kann aber auch sofort in den Modus »Gettokind« wechseln, dann werfe ich mit den »Oidalans«[8] nur so um mich. Als Tochter eines Türken ist man in Deutschland ja automatisch ein bisschen in der Gettoecke, auch wenn der besagte türkische Vater Abitur hat und besser Deutsch spricht als die Grundschullehrerin. Getto-Deniz wiederum konnte ziemlich gut mit anderen Gettokindern, wie zum Beispiel Melanie. Melanie war die Tochter rumänischer Einwanderer, und von ihr und unseren Abenteuern mit der katholischen Kirche wird noch ausführlich die Rede sein. Wenn man sagen kann, dass es bei Marie-Kristin gediegen zuging, dann herrschte bei Melanie Anarchie. Melanie hatte mindestens zwanzig Wüstenrennmäuse und einen Kassettenrekorder, mit dem wir hundert Mal hintereinander »Verdammt ich lieb' dich« von Matthias Reim hörten. Melanies Mutter – eine Heilpraktikerin und ziemlich spirituell unterwegs – bekamen wir nur zu Gesicht, wenn wir nach unseren eigens konzipierten Choreografien hyperventilierten und sie uns mit Rescue-Tropfen zurück in die Realität holte.

Bei Melanie wurde vor dem Essen nicht gebetet, es gab überhaupt kein gemeinsames Essen. Wenn wir Hunger hatten, sprengten wir mit Einkaufswagenchips einen Kaugummiautomaten.

---

[8] Bairisch-Türkisch für »Hey Alter«. Wortwörtlich übersetzt würde es »Alter Typ« lauten. Wird zusammengesetzt aus dem bairischen Wort für »Alter« (»Oida«) und dem türkischen für »Typ« (»lan«).

Eingeleitet habe ich solche Vorhaben mit Getto-Deniz-Sätzen wie »Oidalan, gemma Kaugummiautomat!« Wer hätte gedacht, dass aus mir mal eine Journalistin wird.

Doch es gibt auch noch Deniz 3.0. Denn wenn es sein muss, kann ich auch mit ein paar Brocken Bairisch glänzen. Kommt immer gut beim Bäcker oder im Biergarten (auf keinen Fall »Brötchen« bestellen oder gar ein »Pils«!). Oder auf Volksfesten.

Ich murmelte gerade »Oans, zwoa, gsuffa« vor mich hin, da fuhr mein Vater mit einem lauten »Schhhhttt!!!« in meinen Gedankengang. Die »Tagesschau« begann. Das bedeutete: Es musste absolute Ruhe in der Wohnung herrschen. Neben »Dahoam is Dahoam« schlägt das Herz meines Vaters nämlich für dröge Nachrichtensendungen. Das lässt sich familienhistorisch zurückverfolgen bis in die Siebzigerjahre, in denen mein Vater mit der »Tagesschau«, wie Sie bereits wissen, Deutsch gelernt hat. Damals gab es nur zwei Sender, ARD und ZDF. Und mein Vater zog sich morgens, mittags, abends die Nachrichten mit Jo Brauner rein, der damals auch noch braune Haare hatte.

Leider lernte mein Vater damit so wahnsinnig gut Deutsch, dass er keine Notwendigkeit sah, zu Hause Türkisch mit meinem Bruder und mir zu sprechen. Das hatte zur Folge, dass Szenen wie die folgende in der Türkei mehr oder weniger zu meinem Alltag gehörten:

Mein siebenjähriges Ich stand am Strand vor einem Maiskolbenverkäufer. Das verhutzelte Männlein fuhr einen klapprigen Schiebewagen mit einem silbernen Kessel darauf über den Sand. Darin köchelten frische Maiskolben in ihren Schalen vor sich hin. Den nussigen Dunst roch man schon von Weitem. Er löst bei mir auch heute noch augenblicklich Erinnerungen an die Sommer meiner Kindheit aus.

Käseweiß und in einem tropfnassen Badeanzug deutete ich auf den Maiskolbenkessel. Das Männlein wollte schon zu einem kläglichen Versuch auf Englisch ansetzen, doch da sagte ich in perfektem Türkisch: »Bir mısır alabilir miyim, lütfen?« – »Kann ich bitte einen Maiskolben bekommen?«

Über mich ergoss sich ein Schwall Üs, in atemberaubendem Tempo, mir schwirrte der Kopf. Ich konnte nicht genau sagen, ob das jetzt Türkisch, ganz besonders schnelles Deutsch oder Englisch oder irgendeine völlig andere Sprache war, die ich noch nie gehört hatte. Ich wusste nur eins: Ich verstand kein Wort. Ich blickte den Maiskolbenmenschen an wie ein Reh, wenn's blitzt.

In Bayern hätte man zu mir in diesem Augenblick gesagt: »Schau ned so bläd!« Ist mir tatsächlich auch schon ein paarmal passiert, denn das Bairisch, das zum Beispiel im Bayerischen Wald gesprochen wird, versteh ich genauso wenig wie als Siebenjährige das Türkisch des Maiskolbenmenschen.

Das Problem in Situationen wie jener am Strand: Ich kann ja Türkisch sprechen. Mittlerweile kann ich es sogar sehr ordentlich lesen und schreiben. Aber wenn es ans Verstehen geht, dann gehen bei mir die Rollläden herunter. Ich bin wie paralysiert, da kann schon mal das Gehirn ausfallen. Von einer Sekunde auf die andere wechsle ich von der Touristin zur Türkin und wieder zurück. Ich weiß dann gar nicht mehr, wo ich überhaupt hingehöre. Für eine gewöhnliche deutsche Touristin verstehe und spreche ich zu viel. Aber für eine richtige Türkin reicht es auch nicht.

Und dieses Problem verfolgt mich bis heute. Drei Menschen auf einmal zu sein – Türkin, Bayerin und Deutsche – kann eben auch verdammt anstrengend sein.

Vor allem in der Türkei halte ich – auch heute noch – diesem Druck oft nicht stand. Ich habe Angst, dass ich zur Türkin werde, die ihr sprachliches Erbe nicht genug pflegt. Ich bin gedanklich so damit beschäftigt, jetzt bloß total türkinnenmäßig rüberzukommen, dass ich im Endeffekt einfach gar nichts mache und nur starre. Manchmal schaffe ich es noch »Entschuldigung, ich habe nichts verstanden« zu sagen. In perfektem Türkisch. Das setzt der Verwirrung noch die Krone auf. So auch beim Maismann, der mich damals tatsächlich ohne Maiskolben stehen ließ.

Vielen Deutschen mit türkischen Wurzeln geht es so. Sie werden in ihren Träumen verfolgt von den abgrundtief enttäuschten Gesichtern ihrer Verwandten und aller anderen Türken, wenn die merken, dass man gar nicht oder nicht mehr so gut Türkisch spricht. Deshalb ergibt es auch überhaupt keinen Sinn, Deutschtürken mit diesem Satz zu bedenken: Du sprichst aber gut Deutsch! Ich denke mir bei solchen Pseudokomplimenten immer: Na was denn sonst? Türkisch jedenfalls nicht!

Wenn in Deutschland in aller Regelmäßigkeit über den Doppelpass diskutiert wird und dass der angeblich die Integration hemmt, muss ich immer an meinen perfekt Deutsch sprechenden Vater denken. Der lebt seit fast 50 Jahren in Deutschland. Nur mit türkischem Pass. Als er einmal einen Versuch startete, die deutsche Staatsbürgerschaft zu beantragen und ihm die Dame beim Amt mitteilte, dass er dafür einen Sprachkurs belegen müsse, war das Thema für ihn schnell erledigt. Er, der deutsches Abitur hatte, sollte noch mal einen Deutschkurs absolvieren? Wie absurd.

Vor allem, wenn man bedenkt, dass die türkische Sprache bei uns zu Hause leider nie eine große Rolle gespielt hat. Mein Vater hatte sich in seinem deutsch-bairischen Dings-Kauderwelsch sehr gut eingerichtet, und in Kindergarten und Grundschule war der Tenor: Türkisch? Das braucht kein Mensch.

Heute bin ich froh, dass ich die Sprache auf eigene Faust wieder gelernt habe. Drei Menschen zu sein treibt einen zwar manchmal in den Wahnsinn. Das ist, als würden sich ein Bayer, ein Türke und ein Norddeutscher ständig in meinem Oberstübchen zoffen. Aber man ist dafür auch an mehr als einem Ort zu Hause. Und ich muss am Strand von Marmaris nicht mehr so enorm blöd aus der Wäsche schauen, wenn mich jemand auf Türkisch anspricht.

Mein Vater selbst zuckte immer entschuldigend mit den Schultern, wenn man ihn auf diesen untragbaren Zustand in der Türkei hinwies, und sagte: »Ich bin ein Esel.«

Schon als ich noch ein Grundschulkind war, wusste ich, dass ich Abhilfe schaffen musste. Es nagte an mir, kein Türkisch zu können. Und während mein Vater munter und flink zwischen Deutsch, Türkisch und seiner Dings-Sprache hin und her wechselte und selbstbewusst alles miteinander vermischte, als wäre es das Normalste auf der Welt, begann für mich eine Zeit voller Qualen und Peinlichkeiten.

Da waren zunächst die Sommerferien. Als Kind verbrachte ich meine Sommerferien wie gesagt meistens in Marmaris. Und während mein Bruder keine Anstalten machte, auch nur einen Brocken Türkisch zu lernen (klappte ja auch so hervorragend mit der Nahrungsversorgung und dem Kontakt zu den Einheimischen), versuchte ich mühsam, meine paar Wörter Türkisch herauszupressen und wenigstens jede Saison ein paar neue Wörter Türkisch mit nach Hause zu nehmen.

Zum Beispiel beim Campen an der Mittelmeerküste. Jeden Sommer verbrachten wir einige Wochen in unserem VW-Bus in den Pinienwäldern, die direkt ans Meer angrenzten. Für das Brot zum Frühstück waren die Kinder zuständig. Mein Bruder frühstückte allerdings stets auswärts. Deshalb blieb diese Aufgabe an mir kleben. Und ich wollte ja auch unbedingt so wie die anderen türkischen Kinder Brot kaufen können. Ich wollte wie eine richtige Türkin einkaufen, wenn ich schon nicht wie eine typische Türkin aussah.

Meine Mutter sagte es mir zigmal vor, und es war eigentlich auch sehr einfach: »Ekmek var mı? Bir tane.« – »Gibt es Brot? Ein Brot.«

Ich spazierte also durch den Pinienwald, in dem wir mit unserem VW-Bus campten, in der Hand ein Bündel zerknüllte türkische Lira. In meinem Kopf wälzte ich die zwei eigentlich einfachen Sätze hin und her: »Ekmek var mı? Bir tane. Ekmek var mı? Bir dingsbums. Gibt es eins? Bir Brot. Brot var mı? Ekmek eins. Verdammt!«

Als ich den Kiosk erreicht hatte, herrschte in meinem Gehirn nur noch Chaos. Gott sei Dank lieben Türken aber Kinder – selbst wenn sie stumm sind. Der Brotmann gab mir nicht nur mehrere Laibe Brot, sondern dazu noch einen Ring Knoblauchwurst und fünf Packungen Kaugummis. Das Geld durfte ich behalten. Während der Verkäufer die Lebensmittel auf meinen ausgestreckten Armen auftürmte, sagte ich kein einziges Wort. Das war zwar enorm praktisch, trug aber nicht dazu bei, mein Türkisch zu verbessern.

So ergeht es vielen deutsch-türkischen Kindern. Diese Szene zum Beispiel hat sich so oder so ähnlich schon mehrmals in unseren Sommerurlauben zugetragen:

Ich war mit meiner Familie in Marmaris, und wir spazierten über den Basar, sahen uns Bratling-Uhren und Timmy-Hilfigger-Shirts an. Hier und da tranken wir einen Tee im Teppichladen, bevor wir mit Nachdruck rausbegleitet wurden, weil wir »für den Teppich doch nicht so einen gesalzenen Preis zahlen! Wir sind doch keine Touristen! Verarschen kann ich mich selbst!« – das war mein Vater.

Dann eben kein Teppich. Stattdessen steuerten wir den nächsten Juwelier an. Mein Vater wollte mir ein Nazar-Amulett kaufen, den traditionellen Schmuck mit den Augen, die vor dem bösen Blick schützen sollen. Als mein Vater auf Türkisch danach fragte, sah ihn der Verkäufer an, als hätte er selbst gerne ein Amulett zum Schutz vor bösen Worten. Der Jungspund – dunkle Haut, schwarze Haare, Adlernase – antwortete: »Sie, i ko koa Türkisch ned. Wos woin's denn? Deaf i Eana an Tä bringn? Mei Voder kimmt glei, der ko Türkisch sprechen.«

Meine bayerische Mutter erlöste den armen Kerl und antwortete ihm in seiner Sprache. Er war so erleichtert, dass er uns im Schnelldurchlauf seine Lebensgeschichte inklusive türkisch-bayerischer Kindheit in Rosenheim erzählte und uns aus Dankbarkeit alle Augen schenkte, die er im Laden vorrätig hatte.

Ich schwor mir damals, dass ich mich nie wie dieser bayerisch-türkische Juweliersohn fühlen wollte. Sobald ich zu studieren beginnen würde, wollte ich alles daransetzen, Türkisch zu lernen.

Ich fand mich dann an der Uni in München wieder im Kurs Türkisch I bei Herrn Yılmaz. Vorstellungsrunde. Ich stellte mich darauf ein, dass es jetzt gleich peinlich werden würde. Wurde es auch: Ich nannte meinen Namen. Daraufhin entspann sich folgender Dialog. Man kann ihn in meiner Biografie an verschiedensten Stellen mit exakt diesem Wortlaut einsetzen:

»Wie bitte? Denise meinen Sie, oder?«

»Nein. Deniz.«

»Mit z hinten?«

»Exakt.«

»Das ist ja Türkisch!«

»Stimmt.«

»Sind Sie Türkin? Sie sehen gar nicht aus wie eine Türkin.«

»Halb, halb. Mein Vater ist Türke, meine Mutter Deutsche.«

»Dann können Sie doch bestimmt Türkisch.«

»Nein, also nicht so richtig. Schon ein bisschen, aber nicht gut.«

»Wieso können Sie kein Türkisch?«

»Mein Vater spricht sehr gut Deutsch. Bei uns wird zu Hause kein Türkisch gesprochen.«

»Sagen Sie mal was.«

»Wie, ich?«

»Wer sonst?«

»Äh und was?«

»Na irgendwas. Ich heiße Deniz und komme aus München.«

»Ben Deniz, Münih'ten geliyorum.«

»Na zumindest die Aussprache ist hängen geblieben. Warum sonst nichts?«

»Ich habe als Kind ja mal Türkisch gesprochen. Aber dann sind wir zurück nach München gezogen, und dann wurde daheim kein Türkisch mehr gesprochen.«

»So eine Schande!«

»Ja. Mein Vater sagt, dass er ein Esel ist.«

»So ist es!«

Inzwischen war mein Kopf zu einer riesigen Tomate angeschwollen. Der gesamte Kurs glotzte mich an. Ich wollte sterben.

Neben mir saß ein milchgesichtiger junger Typ mit Sommersprossen und roten Haaren. Er war gleich nach mir dran – und stellte sich als Murat Hinterhuber vor. Mutter Türkin, Vater offensichtlich aus dem Hinterhuber-Clan. Er musste anschließend die exakt gleiche Befragung über sich ergehen lassen. Wir warfen uns einen verstohlenen, mitfühlenden Blick zu.

Als ich ein paar Jahre später für zwei Semester in Istanbul studierte, erging es mir nicht besser. Mein dortiger Türkischlehrer wollte einfach nicht akzeptieren, dass jemand, der Deniz Aykanat heißt, nicht richtig Türkisch spricht (bitte hier obigen Dialog mit Herrn Yılmaz aus Türkisch I einfügen).

Während meine Kommilitonen also Übungen zum richtigen Gebrauch der Aoristform lernten, musste ich türkische Haikus schreiben, da ich »ja schon viel weiter« sei als die anderen.

Hier rettete mich ausnahmsweise mal die Dings-Sprache meines Vaters:

Die türkische Sprache.
Sie ist schwer zu lernen.
Äh … Dings.

Wirklich geholfen haben mir türkische Haikus natürlich nicht und auch nicht der Lehrer an der Uni in Deutschland, sondern die Tante Taylans. Sie erinnern sich an meinen Istanbuler Mitbewohner, den ich auf Heimaturlaub zu seinen mitleidigen Verwandten begleitet habe? Dabei lernte ich auch Taylans Tante kennen. Sie spricht kein einziges Wort Deutsch oder Englisch, war aber bis zu ihrer Pensionierung Grundschullehrerin. Perfekte Voraussetzungen. Sie sprach mit mir einfach wie mit einem Kleinkind – oder wie mit einem Idioten. Präzise wiederholte sie mit einer Engelsgeduld jedes einzelne Wort, wenn ich mal wieder zur Salzsäule erstarrt war und sie anstarrte wie ein Reh angesichts des Scheinwerferlichts eines herannahenden Lkw.

Aber zurück zu meinem Vater. Der hing nach wie vor im Schlafanzug vor dem Fernseher herum. Mittlerweile hatte er auf den türkischen Nachrichtensender, den einzigen türkischen Sender, den wir ohne Satellitenschüssel empfangen konnten, umgeschaltet. Während er mit einem Brillenputztuch penibel die Zwischenräume der Fernbedienung säuberte, starrte er wie gebannt auf den Bildschirm.

Die Sprecherin berichtete gerade in einem Affenzahn von einer Flutkatastrophe in einem Istanbuler Vorort. Die begleitende Musik war bedrohlich wie bei einem Roland-Emmerich-Film, in dem es um den Weltuntergang oder die nächste Eiszeit geht, die dabei ist, die Menschheit auszurotten. Oder um Aliens, die den Weltuntergang oder die nächste Eiszeit herbeiführen wollen. Das ist der typische Soundtrack einer türkischen Nachrichtensendung. Nachrichten werden in der Türkei nicht einfach möglichst objektiv und trocken wiedergegeben. Nein, sie folgen der Hackfleisch-Hamburger-Dramatik.

Ich starrte auf den Fernsehbildschirm und verfiel sogleich wieder in den Rehmodus. Ich versuchte die einzelnen Satzbrocken zu einem Ganzen zusammenzufügen und muss sehr gestresst dabei ausgesehen haben. Ich war ja auch gestresst. Ich tippte wirres Zeug in meine deutsch-türkische Wortschatz-App auf dem Handy. Und schwups war der Nachrichtenbeitrag schon wieder vorbei. Ich stand herum wie bestellt und nicht abgeholt.

»Hast du verstanden, was sie gesagt hat?«, fragte mein Vater. Weiteres dummes Rumgestehe meinerseits. »Wofür haben wir dich ein Jahr nach Istanbul geschickt?« Um türkische Haikus zu lernen, ging es mir durch den Kopf. Ich verdrehte genervt die Augen und stellte mir vor, dass ich meinen Vater zu Hackfleisch mache, einen Hamburger aus ihm forme und ihn aufesse. »Ja was hat sie denn nun gesagt, zefix!?«

Mein Vater antwortete, als wäre es das Normalste auf der Welt: »Na, ist doch klar, das Wetter in den letzten Tagen in Dings war so dings, dass der Dings da gebrochen ist und das ganze Wasser dingerte da in die ganzen unteren Dinger rein.«

Klar, ist doch dings. Äh, logisch. Mein Vater schlenderte lässig in seinen ausgeleierten Jogginghosen zurück in die Küche und kroch in den Herd hinein, um ihn wieder zusammenzuflicken. Und ich blieb mit offenem Mund im Wohnzimmer zurück.

Ich war beeindruckt, wie schnell mein Vater den Fernsehbeitrag in die Dings-Sprache übersetzt hatte. Mein Vater ist nicht nur zwei Menschen. Er ist auch ein Dings.

8

KÜHE KENNEN KEINE NATIONALITÄTEN

In da Middn keman d'Leit zamm.

Das Gesicht meines Vaters ziert ein großes glutrotes Dreieck. Es verläuft asymmetrisch über die rechte Seite seiner Stirn, das rechte Auge und Teile der Wange. An den Rändern lösen sich bereits ein paar dünne Hautfetzen. Ich frage mich, wo sich mein Vater im Dezember denn bitte einen solchen Sonnenbrand geholt hat. Und dann auch noch so asymmetrisch. Mein Vater weiß, was ich sagen will, und winkt ab: »Frag nicht!«

Mit gequältem Blick beäugt er sich im Badspiegel. Seine Augenbrauen bilden das berühmte Atalay'sche Satteldach auf seiner Stirn. Das Augenbrauendach, das auch türkische Arabesque-Sänger machen, wenn es in ihren Liedern gerade um ewige Liebe, ewiges Leid oder ewiges Leid wegen ewiger Liebe geht. Bei meinem Vater sorgt aber nicht unerfüllte Liebe für den wohl gequältesten Blick aller Zeiten, sondern seine Hautärztin.

»Die Dings hat gesagt, ein Fruchtsäurepeeling wäre in meinem Fall total dings. Also, i geh da hi, und die dingert mir das Zeug auf die Stirn und sagt: Wir machen das in zwei Schritten, erst die eine Gesichtshälfte, dann die andere«, erzählt mein Vater und fummelt währenddessen Hautfetzen von seiner Wange. »Und ich sag: Ich glaub, ich häng, das sieht doch dann dings aus! Aber die Frau Doktor Dings sagt, na na, das ist nur kurz gerötet.« Mein Vater flucht leise auf Türkisch vor sich hin. Irgendwas mit »beschissene Scheiße des Esels«.

Er sieht aus wie der Einbrecher in »Kevin allein zu Haus«, der das heiße Bügeleisen ins Gesicht bekommt. Ich will ihn gerade beruhigen und ihm weismachen, dass er ganz und gar nicht aussieht wie der Einbrecher in »Kevin allein zu Haus«, da drängelt sich mein Vater schon an mir vorbei aus dem Bad und verschwindet in unserer Speisekammer.

Dort hantiert er inmitten eines Sammelsuriums aus weißen Aufbacksemmeln (dem wichtigsten Grundnahrungsmittel meines Vaters) und Schnapsflaschen herum. Unsere Speisekammer ist immer voll mit Schnapsflaschen aus aller Herren Länder. Bei den Patienten im Krankenhaus, in dem meine Mutter arbeitet, hat es sich noch nicht herumgesprochen, dass Krankenschwestern genauso selten harten Alkohol trinken wie andere Berufsgruppen. Deshalb bekommen die Pflegekräfte von Patienten nach ihren Aufenthalten ständig Schnaps geschenkt. Zum Jahresende wird jeder Kollege und jede Kollegin dazu verdammt, mindestens drei Flaschen mit nach Hause zu nehmen, sonst wäre der Pflegestützpunkt auf der Station bald ein extrem gut sortierter Spirituosenladen.

»Papa, die Mama kann dir bestimmt irgendeine Wundsalbe aus dem Krankenhaus mitbringen«, rede ich meinem Vater gut zu. Doch der hat längst anderes im Kopf.

Mein Vater ist da bereits in die Welt der Speisekammer abgetaucht. Zwischen Sliwowitz und irgendwas Blauem mit verdammt viel Prozent zieht mein Vater einen Alukanister hervor. Darauf gedruckt ist in Grün und Gold eine Szene mit einem oberkörperfreien Bauern, der in einem Olivenbaum hängt und grenzdebil irgendjemandem (uns?) zuzuwinken scheint. Die Szene ist eingefasst mit Olivenzweigen und schwarzen Früchten.

Mein Vater hält den Kanister mit dem türkischen Olivenöl in die Höhe, als hätte er gerade Teile des Bernsteinzimmers in unserer Speisekammer gefunden: »Ha! Jetzt schau amal, Kızım.«[9]

In meiner deutsch-türkischen Familie gibt es eine Vorliebe für Olivenöl, die schon fast an einen Fetisch grenzt. Das haben wir von Fatma. Fatma war unsere Putzfrau in Marmaris, doch sie war eigentlich viel mehr. Fatma hat – ohne es zu wissen – vermutlich die deutsch-türkische Freundschaft erfunden. An einem heißen Sommerabend:

Unsere Putzfrau hatte es wieder getan: Ihre Kuh stand in unserem Garten in Marmaris und kaute selig vor sich hin. Die Sonne stand schon tief, die Hitze hatte aber kaum nachgelassen, erträglich war sie nur im Schatten unserer Orangenbäume. Und genau da stand Fatmas Kuh und schien sehr zufrieden zu sein. Einige Stellen des saftigen grünen Rasens waren schon ein bisschen kahl. Von Fatma war weit und breit nichts zu sehen. Sie war vermutlich schon heimgegangen, zu ihrem Bretterverschlag am Rande von Marmaris.

Mein Vater begann manisch seinen Vollbart zu kratzen und ließ Fatmas Kuh nicht aus dem Blick: »O mei, die Dings hat schon wieder ihren Gaul in unseren Garten gedingert.« Meine Mutter wollte meinen Vater gerade darüber aufklären, dass ein Gaul ein Pferd und keine Kuh ist, ließ es dann aber doch sein, als sie sah, dass mein Vater angesichts seines zerrupften Rasens schwer litt.

---

[9] Bairisch-Türkisch für: »Jetzt schau mal, mein Mädchen.«

Mein Vater pflegte unseren Rasen in Marmaris nämlich so penibel wie ein deutscher Rentner im spießigsten Schrebergartenverein. Es fehlte nur noch, dass er Gartenzwerge am Zaun aufstellte. Hätte es in Marmaris welche zu kaufen gegeben, hätte er es garantiert getan. Er hätte ihnen vermutlich noch Schilder in die Keramikfingerchen gesteckt, auf denen »Eltern haften für ihre Kinder!« steht.

Mit Hingabe bewässerte er den Garten jeden Morgen vor der Arbeit, wenn die Sonne noch nicht so hoch stand. Mit großen kreisenden Bewegungen, als wäre er beim Fliegenfischen in Kanada, schwang er den Gartenschlauch über den Rasen, damit auch ja jedes Eckchen Wasser abbekam. Er stutzte die Orangenbäume nach jeder Saison und gab meiner Mutter, die das zu Tode nervte, pedantisch genaue Anweisungen dazu, um wie viele Millimeter sie die Bougainvilleen, die sich pittoresk die Hausmauer hochrankten, zu beschneiden hatte.

Mein Vater kannte jeden Grashalm im Garten. Das ist keine Übertreibung, denn er war tatsächlich der Einzige, der die Büschel von Sauerampfer vom restlichen hoch stehenden Gras unterscheiden konnte. Mein Bruder und ich hingegen mussten uns auf der Suche nach dem sauer-scharfen Kraut immer durch mehrere Handvoll Gras fressen.

Unser Garten war eine regelrechte Oase. Wäre man im Sommer mit einer Drohne über Marmaris geflogen, man hätte sich gewundert, was es mit diesem dunkelgrünen Fleckchen inmitten von Ocker und Beige auf sich hat. Im restlichen Marmaris sahen die Grünflächen während der langen Sommermonate nämlich wie Steppen aus.

Fatma wohnte am Rand der Stadt in einer Bretterhütte, um die herum sie in der trockenen, steinharten Erde mehr oder weniger erfolgreich Obst und Gemüse für sich und ihren Mann anbaute. Ihr Mann arbeitete hier und da auf Baustellen und im Hafen. Fatma ging putzen und passte ab und zu auf mich und meinen Bruder auf.

Ich schätze, Fatma war damals, 1986, Anfang 20. Da sie aber keinen einzigen Zahn mehr im Mund hatte, oder vielleicht höchstens noch ein paar kleine graue Stumpen ganz weit hinten, kam sie mir immer viel älter vor.

Und sie hielt sich eben eine Kuh, um Milch für sich und zum Verkauf zu haben. Da auch wir von Fatmas Kuh unsere Milch bekamen, war es nur recht und billig, dass sie unseren Garten abgraste, dachte mein Vater wohl gerade. Er fuhr mit seinem Schuh einige Male über die von der Kuh abgefressenen Stellen und ging dann ins Haus, wie um das Unvermeidliche aus seinem Blick zu verbannen.

Fatma benutzte nie ihren Nachnamen – so wie Madonna. Ich dachte lange Zeit, dass sie überhaupt keinen hat. Und sie war eine sehr lösungsorientierte Frau. Wenn ich als Baby quengelte, band sie sich mich mit einem großen Tuch auf den Rücken. Dann war ich aus dem Weg geräumt, und sie konnte sich auf Attila konzentrieren, der dem permanenten Unsinn frönte. Mir war, so einbandagiert, auf Fatmas Rücken auch nie langweilig. Ich zog ihre langen, schweren, schwarzen Haare unter ihrem Kopftuch heraus und war den ganzen Tag damit beschäftigt, in ihrem Haarberg herumzuwühlen und ihr Knoten reinzumachen.

Was unsere Ernährung betraf, fackelte Fatma nicht lange. Sie war eine der sehr wenigen Türkinnen, die nicht kochen können oder wollen. Manchmal, wenn sie auf meinen Bruder und mich aufpasste und wir zwischendurch Hunger bekamen, schälte sie uns einfach eine rohe Zwiebel und gab sie uns zum Essen wie einen Apfel. Während wir kraftvoll zubissen, rollten uns die Tränen über die Wangen. Wir rochen danach tagelang nach Biomülltonne.

Aber dafür waren wir nie krank. Das konnte meine deutsche Krankenschwestermutter nur gut finden, und deshalb ließ sie Fatma weiterhin Zwiebeln wie Obst an uns verteilen, obwohl sie es gewöhnungsbedürftig fand, dass ihre zwei kleinen Kinder bereits stanken wie Bauarbeiter, die den ganzen Tag bei 40 Grad im Gerüst herumkraxeln.[10]

Zwiebeln waren aber nur ein Teil des Geheimwaffenarsenals von Fatma. Ihr absolutes Allheilmittel gegen jegliche Zipperlein war nämlich Olivenöl. Den ersten Zahn rieb sie uns mit Olivenöl ein. Ebenso unsere Hintern, wenn wir Windelbrand hatten. War eine Erkältung im Anmarsch, verabreichte Fatma uns Olivenöl zum Trinken. Bei Sonnenbrand gab es – richtig – Olivenölwickel.

Selbst gegen Langeweile half Olivenöl: Es kam zum Leidwesen meiner Mutter mehr als einmal vor, dass sie nur kurz die Küche verließ und in der Zwischenzeit mein Bruder und ich den großen Olivenölkanister unter der Spüle hervorzogen, umkippten und anschließend in dem grüngoldenen Öl ausgiebig badeten.

»Viel hilft viel.« Das ist auch die Devise meines Vaters, wenn es um Olivenöl geht. Als in Deutschland der Hype um die mediterrane Diät begann, konnte mein Vater sich vor Freude gar nicht mehr halten. Mit jeder neuen Olivenölstudie, die in den Mittagsmagazinen und Hobbytheken des öffentlich-rechtlichen Fernsehens durchgenudelt wurde, sah sich mein Vater noch mehr bestätigt. Das hatte zur Folge, dass er in jedes Gericht, also wirklich in jedes, Unmengen von Olivenöl kippt.

---

10 Bairisch für »steigen«, »klettern«.

Ich habe den Verdacht, dass der Olivenölhype für ihn endlich eine Anerkennung seiner türkischen Heimat war – wenn auch eine versteckte. Endlich gab es zwischen Inflation, Militärputsch, Kurdenfrage und Kopftüchern mal eine gute Nachricht in Deutschland über die Türkei: Olivenöl! Endlich mögen die überkritischen Deutschen mal etwas, das aus der Türkei kommt. Abgesehen vom Döner. Und der kommt ja nicht mal richtig aus der Türkei.

Dabei neigen Deutsche ja schon auch dazu, ausländische Gepflogenheiten bis zur Selbstaufgabe zu übernehmen. Nur den oberlehrerhaften erhobenen Zeigefinger legen wir dabei natürlich nicht so schnell ab.

Deutsche Rucksacktouristen zum Beispiel legen gerne ein Gebaren an den Tag wie der Spion in »Asterix und Kleopatra«, der an der Wand entlangkriecht und dabei das Hintergrundmuster annimmt. Schön zu sehen ist das bei jungen Deutschen, die das erste Mal in den Nahen Osten reisen und nach ein paar Tagen plötzlich in Pluderhosen rumlaufen – sehr zur Verwunderung der Jeans tragenden einheimischen Bevölkerung.

Als ich ein Jahr in Australien verbrachte, war es für uns deutsche Backpacker das Allergrößte, wenn man uns aus Versehen für einen Holländer hielt. Um nur ja nicht als Deutsche erkannt zu werden, sprachen wir sogar untereinander Englisch. Wenn es aber um Bier und Sauerteigbrot ging, konnten wir uns ereifern, als wollten wir einem heidnischen Naturvolk das Wort Gottes eintrichtern. Da war dann sogar unser Wille zur Assimilierung an seine Grenzen gestoßen.

Fatma hingegen hatte einfach gar keine Berührungsängste. Ein Rasen ist ein Rasen ist ein Rasen, mag sich die unwissentlich fortschrittliche und unvoreingenommene Fatma gedacht haben, als sie ihre Kuh zwischen Oleanderbüschen und Orangenbäumen damals unser deutsch gepflegtes Gras abfräsen ließ. Oder wenn sie unsere speckigen weißen halbdeutschen Babyhintern mit türkischem Olivenöl einrieb.

Apropos türkisches Olivenöl: Das türkische ist nach Ansicht meines Vaters natürlich das Nonplusultra. Notfalls tut es aber auch der grüne Saft der Olivenölbrüder in Spanien, Griechenland oder Italien. Die müssen sich schließlich gegen ähnliche Mittelmeerressentiments in Deutschland durchsetzen.

Der Kanister, mit dem mein Vater in der Speisekammer vor meinem Gesicht herumwedelte, war aber natürlich aus der Türkei. Für medizinische Angelegenheiten greift mein Vater nur auf Heimatöl zurück. »Da braucht man das echte Dings, Töchterli! Die Griechen und die Spanier nehme ich nur zum Kochen.« Da hört die Mittelmeersolidarität dann schon wieder auf.

Mein Vater verschwand mit dem Öl also nicht in der Küche, sondern im Bad und richtete sich dort auf dem heruntergeklappten Klodeckel ein Arsenal an Besteck zurecht, als würde er sich gleich den Blinddarm eigenhändig operativ entfernen. Schere aus Chirurgenstahl, zwei verschiedene Pinzetten, einen Minitrichter, mehrere Schälchen, die er vorher heiß ausgespült hatte, sowie Mullbinden, Wattestäbchen und -pads – natürlich die extraweichen aus Biobaumwolle vom *dm*.

Mit der Präzision eines in Deutschland ausgebildeten Bootsbauers, der er ist, schraubte mein Vater den Kanister auf und kippte eine kleine Menge des grüngolden glänzenden Öls durch den Minitrichter in eines der Schälchen. Währenddessen murmelte er sich die nächsten Schritte selbst auf Türkisch vor. Er tunkte ein Wattestäbchen ins Öl und fuhr damit die Ränder seiner einen Augenbraue ab. Zwischendurch legte er das Wattestäbchen auf einer der Mullbinden ab, nahm sich eine der Pinzetten und zupfte abstehende Hautschüppchen aus seinen wuchernden Augenbrauen.

Dann ging es an die großen Flächen. Zwei Wattepads wurden gänzlich in einem zweiten Schälchen mit Öl versenkt und mussten erst mal ziehen. Währenddessen dozierte mein Vater über die gesundheitlichen Vorteile von Olivenöl: »Seit ich jeden Morgen einen Esslöffel Olivenöl trinke – vor allem anderen –, ist mein Dings völlig verschwunden!«

»Dein was?« Manchmal weiß ich beim besten Willen nicht, was Dings bedeuten könnte.

»Na Dings … Soddings … Sodbrennen!«

»Oh, wirklich? Das ist ja krass. Du meinst, das liegt wirklich am Olivenöl?«

»Natürlich, Kızım. Woran denn sonst? Ich trinke einen Löffel, und danach fühle ich mich wie neugeboren!«

»Toll, Papa. Wahnsinn!«

»Und ich brauch dann auch sonst nichts mehr am Morgen.«

»Äh, wie jetzt, du frühstückst also nur noch einen Esslöffel Olivenöl?«

»Richtig. Türkisches natürlich.«

»Ja, aber dann hast du das Sodbrennen vermutlich deswegen nicht mehr! Weil du nicht mehr fünf Wurstsemmeln zum Frühstück isst!«

»Ach, Kokolores! Das Olivenöl dingert den Magen aus, es ist dings – antibakteriell. Was meint ihr, warum ihr so schöne Popos als Babys hattet? Weil die Fatma euch täglich in Olivenöl hat dingern lassen!«

Zwei Tage nach Papas Vortrag war seine Stirn makellos wie nach einer Botoxbehandlung und unser Olivenölkanister um ein

Drittel leerer. Die Dermatologin meines Vaters war so beeindruckt von seiner schnellen Genesung, dass sie anschließend allen ihren Patienten die Aykanat'sche Ölmethode nach Säurepeelings zu empfehlen begann.

Laut meiner Mutter hilft Olivenöl außerdem noch gegen Haarspliss, Kratzer auf dem Esstisch und quietschende Türen. Unsere Wohnung und ihre Bewohner glänzen manchmal recht speckig.

Ich glaube, den Hang zu alternativen Allheilmitteln haben die Türken von den Griechen übernommen. Vielleicht war es auch umgekehrt. Ob etwas ursprünglich türkisch oder griechisch ist, ist ja wie die Frage, ob zuerst die Henne oder das Ei existierte. Jedenfalls benutzt der Brautvater in der großen griechischen Volkssaga »My Big Fat Greek Wedding« gerne das Fensterputzmittel Windex, um damit alles von der Grippe bis zum Pickel zu kurieren.

Türken und Griechen hören es zwar nicht gerne, aber sie befinden sich in einem ständigen Prozess des gegenseitigen Assimilierens und Integrierens, bei dem man schon völlig den Überblick verloren hat. Was war zuerst da: türkischer Döner oder griechischer Gyros? Egal, schmeckt beides gut. Stammt der griechische Sirtaki vom türkischen Halay-Tanz ab oder umgekehrt? Egal, man bricht sich bei beiden Tänzen leicht die Beine. Bei dem ganzen Durcheinander kann ich nur zu dem Schluss kommen, dass die Feindschaft zwischen Türken und Griechen ein Mythos sein muss.

Genau wie die zwischen Türken und Deutschen. Wenn Deutsche ein Schrittchen auf die Türken zugehen und einsehen würden, dass türkisches Olivenöl ein Allheilmittel ist, und Türken endlich anerkennen würden, dass es für türkische Kühe nichts Besseres gibt als deutschen Rasen, dann wäre dieser Mythos schnell aus der Welt. »In da Middn keman de Leit zamm.«

Womit wir wieder bei unserer Putzfrau wären. Fatma hatte von einer solchen Feindschaft sowieso nie etwas mitbekommen. Sie wusste nur, dass mein Vater mit einer Deutschen verheiratet war und dass dieser Umstand irgendwie dazu führte, dass er den saftigsten Rasen von ganz Marmaris besaß.

Fatmas Kuh und unser spießiger Rasen: Es war eine deutsch-türkische Freundschaft. Oder eine privilegierte Partnerschaft? Nennen Sie es, wie Sie wollen – es funktionierte.

9

RELI FÜR ANFÄNGER

Wer's glabd, werd selig, und wer ned,
kimmt a in Himmi.

Ich trage einen wirklich schlabberigen Sack aus dunkelblauem Polyester, auf dem mit silbernen Fäden die Münchner Frauenkirche aufgestickt ist, und stehe mutterseelenallein auf der Empore ebenjenes Gotteshauses, das sich über meine Brust spannt.

Es ist Ostern, Mitternacht, und ich werde in diesen heiligen Gemäuern unfreiwillig zum kindlichen Raucher. Es wabert so viel Weihrauch durch die Kirche, dass ich fast ohnmächtig davon werde. Es ist das Jahr 1996, ich bin eine Viertklässlerin in München, die in ihrer Freizeit im katholischen Mädchenchor der Frauenkirche München singt. Und: Ich bin nicht getauft. Das einzige ungetaufte Kind im ganzen Chor. Deshalb stehe ich an Ostern (und an jedem anderen Sonntag), wenn es darangeht, Oblaten zu verteilen – Verzeihung, ich meine natürlich die Heilige Kommunion –, ziemlich alleine auf der Empore, wie bestellt und nicht abgeholt.

Der Polyestersack war unsere Choruniform. Er hing an uns herunter wie ein nasses Handtuch. Es hätte uns aber um ein Haar noch schlimmer getroffen. Denn unsere Auftrittskluft war ein großes Politikum unter den Müttern im Chor gewesen. Einige beriefen deshalb eigens eine Versammlung ein, in der darüber diskutiert und abgestimmt werden sollte, wie ihre Töchter künftig in der Frauenkirche während der Auftritte auszusehen hätten.

Besonders eine Mutter tat sich dabei mit außergewöhnlicher Frömmigkeit hervor. Sie schlug vor, uns in unschuldig weiße Kleider aus enorm steifer Wildseide zu stecken. Kostenpunkt: 200 Euro das Stück. Es erhob sich nicht nur wegen des Preises, sondern auch wegen der Hässlichkeit des Entwurfs Protest. So viel Geld für ein Kleid, aus dem die Mädchen noch dazu bald herauswachsen würden? Und dann auch noch in Weiß, total unpraktisch. Doch dann kam die Dame mit ihrem Killerargument: »Zweihundert Euro sind gar nicht so teuer! Das Kleid können die Mädchen schließlich dann auch zu ihrer Erstkommunion tragen!«

Wie aus der Pistole geschossen plärrte ich: »Aber ich bin nicht getauft! Ich hab gar keine Erstkommu…!« Ich konnte den Satz nicht beenden, da hielt mir meine Mutter schon den Mund zu und lächelte entschuldigend in die Runde. Meine Mutter wusste nur zu gut, was Ungläubigen oder Abtrünnigen in Bayern in solchen Kreisen blüht. Schließlich war sie mit einem Moslem verheiratet.

An einem dieser Sonntage, die ich auf der Empore zubrachte, feierten einige Mädchen aus dem Kinderchor ihre Erstkommunion in der Frauenkirche. In ihren weißen Kleidchen schritten sie andächtig in den riesigen Dom und nahmen mit großen freudigen Augen das erste Mal ihre Oblate entgegen. Ich war wie elektrisiert. Denn auch ich befand mich gerade mitten in der Oblatenphase. Die Faszination für diese blass-beigen Kreise hatte ausgerechnet meine Mutter ausgelöst – meine Mutter, die nach jahrelangen Quälereien in Klosterschulen und kirchlichen Krankenpflegeeinrichtungen der katholischen Kirche schon längst den

Rücken zugekehrt hatte und Klosterschwestern in schwachen Momenten »Kuttenbrunzer«[11] nannte.

Die Abneigung meiner Mutter gegenüber geistlichen Autoritätspersonen wurde schon früher genährt. Als Kinder waren meine Mutter und ihre Freunde im katholischen Riedenburg dazu verdonnert, jeden Sonntag in die Kirche zu gehen. Die Gottesdienste waren aber so strunzöde,[12] dass sie sich das auf keinen Fall jedes Wochenende antun konnten. Außerdem hassten alle den Pfarrer. Der war in der Schule nämlich auch für den Religionsunterricht zuständig, und wenn er mal schlecht drauf war, was sehr oft vorkam, verteilte er für jedes noch so kleine Vergehen Ohrfeigen.

Nicht mal die Eltern wollten in den Gottesdienst gehen! Wie um sich ihrer schlechten Gewissen zu entledigen, beharrten sie aber dann umso stärker darauf, dass die Kinder gingen. Um das zu kontrollieren, wurden die Kinder nach dem Gottesdienst abgefragt: Welche Lieder wurden gesungen? Worüber hat der Pfarrer in seiner Predigt gesprochen? Die Infos holten sich die schwänzenden Eltern bei den Messdienern.

Die Kinder von Riedenburg mussten sich also organisieren. Jeden Sonntag ging ein anderes Kind in den Gottesdienst und merkte sich den ganzen Ablauf, um dann den anderen zu berichten.

---

[11] Bairischer abwertender Ausdruck für Geistliche, Juristen und sonstige Personen der Obrigkeit. Vom bairischen »brunzen«, »urinieren«; also jemand, der in seine Kutte, gemeint ist damit die jeweilige Amts- oder Ordenstracht, uriniert.

[12] Umgangssprachlich für »unglaublich langweilig«. Eher neuere Wortschöpfung aus dem süddeutschen Raum. Hergeleitet vom geläufigeren »strunzdumm«, also »unglaublich saudumm«. Der Wortteil »strunz« kommt von »strunzen«, was »prahlen« oder »angeben« bedeutet, und dient als Verstärkung des darauffolgenden Adjektivs.

An einem der Sonntage war meine Mutter an der Reihe und stand gerade im Kreis um den Pfarrer herum, um die Hostie zu empfangen. Jeder hatte seine Oblate in den Mund gelegt bekommen, da machte sich der Pfarrer schon an die nächste Runde, um seine Schäfchen mit Messwein abzufüllen. Währenddessen packte meine Mutter ganz unchristliche Nervosität: Die Oblate, also nach katholischer Lehre der Leib Christi, klebte an ihrem Gaumen fest. Sie wusste, dass es völlig indiskutabel war, die Hostie zu zerkauen. Das hatten sie im Religionsunterricht als eine der ersten von vielen weiteren Regeln gelernt. Die Hostie sollte sich einfach mit der Zeit im Mund auflösen.

Bei meiner Mutter tat sich aber partout nichts. Das Ding klebte an ihrem Gaumen und wurde immer trockener und klebte, je trockener es wurde, umso mehr fest. Sie versuchte, die Hostie mit der Zunge zu befeuchten und irgendwie da wegzubekommen. Sie schob und schob mit der Zunge, als die Oblate plötzlich anfing, sich am Gaumen entlang aufzurollen.

Meine Mutter erschrak. War das erlaubt? Gerade in diesem Moment erreichte der Pfarrer sie mit dem Weinkelch in der Hand. Na, wenn einer das weiß, dann der Pfarrer, dachte sich meine Mutter und fragte ihn unschuldig: »Herr Pfarrer, darf man den Leib Christi am Gaumen aufrollen, wenn er da kleben bleibt?« Der Pfarrer wurde rot vor Zorn und schmierte meiner Mutter vor versammelter Gemeinde eine.

Meine Mutter und die Kirche: Das war mit diesem Tag endgültig erledigt. Bei mir löste diese Geschichte, die meine Mutter bei zahlreichen Gelegenheiten mit der üblichen Blumigkeit zum Besten gab, aber das Gegenteil aus. Leib Christi? Messwein? Oblaten am Gaumen aufrollen? Meine Neugier war geweckt!

Als ich in der ersten Klasse war, verbrachten meine Grundschulfreundin Melanie – Sie wissen schon, Anarchie-Melanie, deren Familie genauso ungläubig war wie meine – und ich unsere Sonntage damit, alle, aber wirklich alle Kirchen in unserer Nachbarschaft abzuklappern, um an eine solche Oblate heranzukommen. Die Oblatenphase, wie gesagt. Es reichte uns irgendwann einfach nicht mehr, die Kommunion zu Hause mit Backoblaten nachzuspielen, zumal die fast doppelt so groß waren wie die echten Hostien in der Kirche und wir sie uns gewaltsam in den Rachen stopfen mussten, wo sie einen unheiligen Bröseltod starben. In der Kirche sah das alles immer viel würdevoller aus.

Also schwangen wir uns jedes Wochenende auf unsere Fahrräder, im Gepäck für jeden ein Goldkettchen mit Kreuz, die wir unseren Müttern aus den Schmuckkästchen geklaut hatten, und ein Stück Papier, auf das wir alle Gottesdienste mit Kirche und Uhrzeit in chronologischer Reihenfolge notiert hatten. Unser Ziel war es, so viele Gottesdienste wie möglich zu schaffen. Das spornte uns zu sportlichen Höchstleistungen an.

Wenn wir in St. Canisius den Segen am Ende ausließen, schafften wir es noch rechtzeitig zur Kommunion in St. Peter. Dann aber schnell direkt nach Oblatenausgabe rüber zu den Evangelischen. Das wurde meist ziemlich knapp, ist die längste Strecke. Konnte sich aber lohnen, denn die Lutheraner gelten als nicht ganz so streng wie die Katholischen, die drücken vielleicht auch mal ein Auge zu und lassen eine Oblate für ungetaufte Satansbraten wie uns springen.

Doch unsere Ausbeute war trotz unseres ausgeklügelten Systems sehr schlecht. Man sah uns einfach an, dass wir keine regulären Klubmitglieder waren, sondern allenfalls geduldete Gäste in der Schnupperstunde. Da half es auch nichts, dass wir uns von unserer kreuzkatholischen Schulfreundin Marie-Kristin die wichtigsten

Codes beibringen ließen: beim Reingehen mit Weihwasser beträufeln, beim Beten auf die Holzbank hinknien, eigenes Gotteslob mitbringen, damit es so wirkt, als würde man daheim, statt Radio zu hören, ständig »Kyrie eleison« singen. Wir »liehen« uns einfach ein Gotteslob aus einer der anderen Kirchen, die wir ja ohnehin jedes Wochenende frequentierten.

Und dann, ganz wichtig, der entscheidende Moment: Wenn sich alle für die Hostie anstellten und wir dran waren, nach dem Satz des Priesters »Der Leib Christi« unbedingt sofort »Amen« sagen, dabei fachkundig den Blick senken. Danach kam es darauf an, ob wir in einer evangelischen oder in einer katholischen Kirche waren. In der evangelischen die Handflächen öffnen und der Pastorin hinhalten, damit sie die Oblate reinlegen kann. Bei den Katholiken den Mund leicht öffnen. Dabei nach wie vor grenzdebil den Blick gesenkt halten und darauf hoffen, dass der Priester einem die Oblate in den Mund legt.

Doch wir konnten noch so detailreich eine waschechte getaufte Katholikin oder Protestantin nachspielen, bis zur Oblate schafften wir es nie. Die Pfarrer und Pastorinnen kannten nun mal ihre Schäfchen, die wussten genau, welche Kinder aus der Nachbarschaft gerade ihre Kurse und Fahrten zur Vorbereitung auf die Erstkommunion besuchten. Und mein und Melanies Gesicht hatten die eben noch nie gesehen.

Letzter Versuch: Freikirche. Doch dafür war ich ein zu großer Schisser, denn die Grüppchen trafen sich immer in einem normalen Wohnhaus. Aus einer Kirche konnten wir genauso schnell, wie wir hineingeschlüpft waren, auch wieder abhauen. Aber ein normales Haus? Damals war es ein großer Trend, dass Jugendzeitschriften wie die *Bravo* auf Doppelseiten in Splatterfilmoptik von bösen Sekten berichteten, in deren Fänge wahlweise die »Meike«,

»meine beste Freundin Jennifer« oder »unsere geliebte Tochter Regina« geraten waren. Vor meinem inneren Auge sah ich schon, wie Melanie und ich zerstückelt im Garten hinterm Haus der Freikirche vergraben wurden.

Melanie hingegen war todesmutig. Ich konnte ihr nicht ausreden, zu den Treffen zu gehen. Erst hatte ich Angst um sie. Nach ein paar Tagen aber war ich nicht mehr besorgt, sondern zu Tode beleidigt. Ein paar Wochen lang herrschte Funkstille zwischen uns. Keine Gottesdiensttouren, denn Melanie war ja bei ihren »neuen Freunden«. Als Melanie allerdings herausfand, dass es in der Freikirche weit und breit keine Oblaten gab und nach den Bibellesungen auch noch für alle Mitglieder verbindliche Putzdienste anstanden, war das Thema Freikirche schnell erledigt. Wir konnten uns wieder darauf konzentrieren, unserer ersten Oblate hinterherzujagen.

Ich kann Ihnen jedoch schon mal verraten, dass wir es nie über Backoblaten hinausschafften. Allerdings verriet uns unsere Freundin Marie-Kristin, die kreuzkatholische mit dem Insiderwissen, irgendwann, dass die Hostien in der Kirche genauso schmecken wie Pappe und selbst sie sich danach weder heiliger noch befreiter fühlte. Aha. So ist das also.

Ich habe vom Christentum einfach keine Ahnung. Und wer jetzt glaubt, dass ich mich dafür mit dem Islam auskenne, der irrt sich gewaltig. Das merkte ich Jahre später als Studentin in der Türkei.

Wie Sie wissen, ging ich damals zum Studium nach Istanbul mit dem festen Ziel, als waschechte Türkin zurückzukehren. O.k. Nein. Das ist jetzt etwas übertrieben. Also zumindest wollte ich mein Türkisch von »Hallo, ich heiße Deniz, mein Vater ist Türke, aber mein Türkisch ist grottig« wegbewegen und ein richtiges

Gespräch führen können. Bekanntlich hat mein Vater, der Esel, da ja so einiges versäumt, weshalb ich die Dinge selbst in die Hand nehmen musste.

Mein Projekt »Selbstfindung« in Istanbul ging dann auch denkbar anspruchsvoll los: mit Religion. Im Ramadan dürfen Muslime von Sonnenaufgang bis Sonnenuntergang nichts essen und trinken, es sei denn, sie sind alt oder krank. Ich war aber 22 und bei bester Gesundheit, deshalb kippte ich bei 40 Grad und Sonne still und heimlich literweise Wasser in mich hinein. Wenn Allah das nur nicht gesehen hat!

Während meines ersten Ramadans war es außerdem nicht nur verdammt heiß, sondern auch noch ziemlich laut in meiner Straße. Wieder so eine Sache, die mein Vater kein einziges Mal zu erwähnen für nötig gehalten hatte: In einigen Istanbuler Stadtteilen laufen noch traditionelle Ramadantrommler durch die Straßen, die die Bewohner daran erinnern, dass jetzt Sonnenaufgang ist (Schluss mit Essen!). Dieser Typ war nicht alleine unterwegs, zusätzlich zu seinem ohrenbetäubenden Trommeln und seinen Rufgesängen begleitete ihn noch eine Horde Nachbarskinder, die vermutlich wegen des Schlafmangels völlig durchdrehten und lauter kreischten als der Trommler selbst.

Als ich das erste Mal so einen professionellen Krachmacher und seinen Anhang hörte, dachte ich, der nächste Militärputsch wäre in der Türkei ausgebrochen. Ich hatte natürlich keine Ahnung, was der Lärm sollte, und befürchtete das Schlimmste. Der Krachmacher nahm seinen Job leider sehr ernst und lärmte den vollen Fastenmonat jeden Tag um vier Uhr früh durch meine Straße.

Ich hatte zwar gewusst, um was es beim Ramadan geht und dass das Zuckerfest an seinem Ende für türkische Familien wie Weihnachten ist, aber das war's dann auch schon gewesen.

Dementsprechend schwungvoll trat ich in jedes Fettnäpfchen, das sich mir in jener Zeit bot. Zum Beispiel als ich mich am helllichten Tag mitten auf der Galatabrücke, die sich über das Goldene Horn (einen Seitenarm des Bosporus) spannte, in eines der Fischrestaurants setzte und ein kühles Bier bestellte. Nicht nur verstieß ich gegen das Gebot, nichts vor Sonnenuntergang zu trinken. Nein, ich Trottel bestellte auch noch Alkohol! Die Hitze hatte mir damals so zugesetzt, dass ich erst im Nachhinein das Zögern des Kellners bei meiner Bestellung richtig deutete. Ich dachte halt, dass mal wieder keiner mein schlechtes Türkisch versteht.

Doch nicht nur in puncto Ramadan fehlte mir der Durchblick. Beim Sightseeing fiel ich wieder unangenehm auf. Dieses Mal dachte ich, alles richtig gemacht zu haben. Ich hatte trotz Gluthitze einen Schal eingepackt, um in der Blauen Moschee, die ich besichtigen wollte, vorschriftsmäßig meinen Kopf zu bedecken. Von meiner Mutter, die Istanbul kurz zuvor besucht hatte, wusste ich, dass die Türsteher einem sonst ein altes Tuch drüberwerfen, das vermutlich mehrere Läusegroßfamilien beherbergt. Stolz, an alles gedacht zu haben, lief ich also an den anderen Touristen vorbei, die sich gerade vermutlich überlegten, ob die Blaue Moschee eine Läuseplage auf ihren Köpfen wert war, warf mir meinen eigenen Schal über – und wurde plötzlich gestoppt. Der Türsteher blickte ernst auf meine nackten Beine. Ich hatte Shorts an. Wie blöd kann man sein.

Andererseits, wie sollte ich diese ganzen Regeln ohne einen entsprechenden Grundkurs Islam durch meinen Vater oder sonstige türkische Verwandte auch kennen? Für festliche Stimmung und Traditionen ist bei den Aykanats schon immer meine Mutter zuständig. Deshalb gibt es noch heute Ostern, Nikolaus und

Weihnachten, aber weder Ramadan, Zuckerfest noch Opferfest. Mein Vater war einfach zu faul dazu.

Als wir noch in Marmaris wohnten, betrieb meine Mutter einigen Aufwand, um die christlichen Feste mit mir und meinem Bruder zu feiern. Mit Religion hatte das aber gar nichts zu tun. Meine Mutter war dem Katholizismus, wie Sie bereits wissen, ja eher abgeneigt. Aber für das Verstecken und Suchen von Schokoeiern konnte sich meine Mutter durchaus erwärmen. Nur gab es die in der Türkei natürlich nicht. Also machte sie diese selbst, was eine Heidenarbeit war. Sie schmolz mindestens zwanzig Tafeln Schokolade und mischte sie mit türkischen Haselnüssen. Dann bastelte sie Förmchen aus Alufolie und versuchte, aus dem ganzen Baatz etwas zu gießen, das irgendwie nach Eiern und Osterhase aussah. Nach tagelanger Fieselarbeit versteckte meine Mutter schließlich ihre Kreationen überall im Garten. Sie sahen eher so aus wie die ersten Salzteiggebilde von mir und meinem Bruder.

Während wir Kinder die Büsche nach Eiern absuchten, lieferten wir uns einen erbitterten Wettlauf gegen eine Schildkrötenfamilie, die gerne in unserem schattigen Garten herumlungerte und genauso gern Schokoladeneier aß wie wir. Doch unsere Suche war auch ein Wettlauf gegen die Zeit. Zu Ostern war es in Marmaris nämlich schon fast sommerlich warm. Bis wir die Eier fanden, waren sie oft bis zur Unkenntlichkeit zerlaufen.

An Nikolaus vollzog sich ein ähnliches Schauspiel. Wir mussten nur nicht ganz so schnell sein. Es war kühl, die Nikoläuse standen in unseren vom Sommer liegen gebliebenen Flip-Flops vor der Haustür, und die Schildkröten waren Gott oder Allah weiß wo. Und der Nikolaus ist ja zumindest eh schon Türke, wie praktisch.

Unsere Nachbarn sahen dem Treiben im Frühling und Dezember immer fasziniert und neidisch zu. So neidisch, wie ich Jahre später in meiner Zeit in Istanbul die türkischen Familien beäugte, die sich während des Ramadans in der Stadt wie ganz selbstverständlich bewegten. Ich hingegen hatte die ganze Zeit das Gefühl, gleich in das nächste riesige Fettnäpfchen zu treten. Dieser ganze Ramadan war für mich ein Buch mit sieben Siegeln, und während ich bei der Affenhitze in Istanbul versuchte, nichts falsch zu machen, verfluchte ich meinen Vater, der uns in Marmaris Nikolaus hat feiern lassen, statt mir mal etwas über den Fastenmonat im Islam beizubringen!

Ich selbst faste nur im November. Davor verbringe ich den Sommer im Biergarten, den Altweibersommer im Biergarten mit Jacke und den Herbst auf dem Oktoberfest. Der November eignet sich deshalb hervorragend für eine Pause, bevor es im Winter am Glühweinstand weitergeht.

Ja, ich trinke Alkohol. Ich bin keine Muslimin, ich gehöre gar keiner Religion an. Trotzdem weiß ich das religiöse Erbe meiner Mutter sehr wohl zu schätzen, nachdem mein Vater mir ja so gut wie nichts hinterlassen hat. Als ich an Weihnachten einmal freiwillig den Spätdienst am Newsdesk der *Süddeutschen Zeitung* übernahm – das ist der Ort in einer Zeitung, an dem die aktuellen Meldungen eingehen –, schoben einige Kollegen ihrem anfänglich überschwänglichen Dank diesen Satz nach: »Ja, du feierst ja eh kein Weihnachten, da kannst du den Dienst gut machen.«

Selbstverständlich feiere ich Weihnachten! Zwar nicht, weil Christus geboren wurde, aber aus zwei anderen Gründen: um sich den Bauch ordentlich mit Plätzchen und Ente vollzuschlagen und so richtig mit der Familie zu zoffen. Also typisch deutsch, würde ich sagen.

Aber wenn man einen türkischen Namen hat, landet man in

Deutschland schnell in der Islamschublade. Meistens kann ich mich darüber totlachen, oft ist es einfach nur bescheuert. Und manchmal steckt die pure Feindseligkeit dahinter.

Einen ziemlich witzigen Moment erlebte ich in einer neuen WG: Eines Morgens wurde ich dort von einem großartigen Geruch geweckt. Ich hörte, wie jemand – es musste meine neue Mitbewohnerin sein – in der Küche hantierte. Wir kannten uns nur übers Telefon, und sie war quasi über Nacht eingezogen. Ich war da schon längst im Bett und hatte nur das Gerumpel ihrer Umzugshelfer gehört, die eine Kiste nach der anderen in ihr Zimmer getragen hatten.

Am nächsten Morgen weckte mich wie gesagt ein wunderbarer Geruch: der Geruch von Speck. Ich liebe Speck. Als ich die Küche betrat, stand vor mir meine neue Mitbewohnerin, im Schlafanzug, die blonden Locken zu einem wilden Knödel auf dem Kopf zusammengebunden. Wie ein Saunameister wedelte sie mit einem Geschirrtuch vor einer Pfanne herum. Immer schön in Richtung Fenster, Panik im Blick. Dann hielt sie inne, musterte mich, zog die Augenbrauen zusammen. »Bist du … äh … Deniz?« Offenbar bebte sie aus Angst vor einem fundamentalistischen Wutausbruch. »Sorry, ich wollte fertig sein, bevor du wach wirst«, sagte sie mit leichtem Zittern in der Stimme. Das wäre schade gewesen, dachte ich belustigt bei mir. Nach einigem weiteren Gestammel meiner Mitbewohnerin, in dem die Worte »Prophet«, »halal« und »Pfanne« vorkamen, frühstückten wir gemeinsam. Eier mit Speck, köstlich. Es wurde ein sehr langes Frühstück, bei dem ich ihr in allen Einzelheiten von meinem ersten Ramadan erzählte.

Ich war ihr nicht böse, denn ich hatte schon einiges erlebt. Da war zum Beispiel meine Grundschullehrerin, Frau Riederle.

Damals, 1993, saß ich mit ein paar türkischen, kurdischen und serbischen Kindern im sogenannten Ethikunterricht. Das war die Schulstunde für alle, die weder katholisch noch evangelisch waren – und für die Kinder der Ökos, die Brote mit Tartex in der Pause aßen und mit dem Jutebeutel in die Schule kamen. Ethikunterricht galt damals als Neuheit, und neu war er vor allem für unsere Lehrerin.

Frau Riederle war für mich damals schon mindestens hundert. In Wirklichkeit war sie vielleicht 50 Jahre alt. Möglicherweise lag meine Fehleinschätzung daran, dass sie angezogen und gestylt war wie eine schrille Oma. Ihre Hände waren stets picobello manikürt, die Nägel immer knallrot bemalt, abgestimmt auf den Farbton ihres Lippenstiftes. Ihre Augenlider waren mit einer ordentlichen Schicht metallic-eisblauem Lidschatten zugespachtelt. Die dunkelbraunen Haare waren in praktische Omaröllchen gelegt und lagen eng am Kopf an wie bei Atze Schröder.

Frau Riederle war alles andere als die geborene Ethiklehrrin. Katholisch unterrichtete der Stadtteilpfarrer, Evangelisch die Pastorin der Kirche ums Eck … ja, und Ethik musste wohl oder übel Frau Riederle übernehmen, weil sie unsere Klassenleiterin war.

Man merkte, dass Frau Riederle dieses Fach nicht gerade studiert hatte. Einmal ließ sie uns eine gesamte Unterrichtsstunde lang alle exotischen Früchte aufzählen, die wir kennen. Weil wir Denizes, Serdars und Brankos für sie offenbar so fremdartig wie Litschis waren. Das nächste Mal sollten wir uns als Baum malen. Ich wusste zwar nicht, was dieser oder dieses Ethik mit Bäumen zu tun hat, aber ich war froh, dass ich zu Schuljahresanfang und -ende nicht in den Gottesdienst musste, weil mir von den harten Holzbänken der Hintern einschlief und vom Weihrauch schlecht wurde. Und ich stand ja ohnehin schon jeden Sonntag mit meinem Chor in der Frauenkirche. Ethik war da der bessere Deal.

Mit fortschreitendem Schuljahr war dann der Islam dran: Früchte, Bäume, Weltreligionen – völlig klar. Die Islamwochen leitete unsere Lehrerin ein, indem sie uns einen kleinen Taschenkoran präsentierte. Sie platzte vor Stolz, während er in der Klasse herumgegeben wurde. Nacheinander befummelten 15 Kinder halb interessiert, halb verwirrt die eng mit arabischen Schriftzeichen bedruckten Seiten. Anschließend überreichte die Lehrerin mir das Büchlein mit einem triumphierenden Lächeln.

»Denise (sic!), dein Vater ist doch Türke.« Lange Pause.

Ja, das hatte ich auch schon mitbekommen. Die Ferien in der Türkei statt in Italien. Das türkische Essen zu Hause. Mein Name, der sich auf Penis reimt.

Meine Lehrerin starrte mich erwartungsfroh an. Sie dachte wohl, der Wink sei eindeutig. Ich hingegen hörte nur eine Feststellung. So wie: Litschi ist eine exotische Frucht. Oder: Ein Mensch ist kein Baum.

Weil ich begriffsstutzig weiter starrte, schob sie widerwillig nach: »Er soll uns doch mal die ersten Suren übersetzen.«

»Was ist eine Sure?«, fragte ich.

»Na … eine Sure eben. Weißt du das denn nicht? So eine Islamsure. Da steht zum Beispiel drin … dass du … äh, glaub ich … ein Kopftuch tragen musst.«

»Was ist das für eine Sprache?«

»Das … das … na Islamisch eben. Frag nicht so viel! Also zeig das deinem Vater, der kann das!«

Mir kam das zwar schon damals komisch vor, doch als Kind denkt man ja, dass Papas grundsätzlich alles können. Bestimmt auch äh … Islamisch.

Mein Vater begutachtete den Minikoran zu Hause wie eine Tomate beim Gemüsehändler, drehte und wendete ihn, rieb die winzigen Seiten zwischen den Fingern – und fing dann schallend an zu lachen und den Kopf zu schütteln. Ich sollte meiner Lehrerin mitteilen, dass die Landessprache in der Türkei Türkisch sei. Und dass Türkisch mit lateinischen Buchstaben geschrieben wird. Mit dieser Botschaft nahmen die Islamwochen in meiner Ethikklasse ein abruptes Ende. Frau Riederle ging nahtlos zum Judentum über mit dem Satz: »Wer weiß denn hier, wie man koscher kocht?«

Das war bescheuert, dennoch unterstelle ich meiner Lehrerin höchstens Unwissenheit, keine Islamfeindlichkeit. Wem ich aber sehr wohl Islamfeindlichkeit unterstelle, sind Pegida und die AfD. Die haben es in Deutschland salonfähig gemacht, auf dem Islam herumzuhacken. Die Zahl der Angriffe auf Moscheen zum Beispiel hat einen Höchststand erreicht. Und was macht der gewöhnliche Rassist und Islamophobist, wenn er Muslime beleidigen will? Er spießt Schweinsköpfe am Zaun auf und kippt Schweineblut vor die Moscheetür. Das ist unappetitlich – sowohl optisch als auch menschlich.

Einem solchen Verhalten liegt entweder viel Dummheit oder Bosheit, vor allem aber der Irrglaube zugrunde, dass ausnahmslos alle Muslime Schweinefleisch ablehnen und man sie beleidigen kann, indem man ihnen Lebensmittel vors Haus wirft.

Mein Vater ist Moslem – wenn auch eher auf dem Papier als mit voller Seele – und geht mit Essen pfleglich um. Auch mit Schweinefleisch. Oder besser: gerade mit Schweinefleisch. Das mag er nämlich besonders gern, obwohl er in der Türkei natürlich ohne Schweinefleisch groß geworden war. Mit den islamischen Essensvorschriften (und eigentlich auch mit allen übrigen

Vorschriften) nimmt er es heute, wie übrigens verdammt viele andere Muslime, nicht so genau. Unsere Familie hat ihren Stammmetzger auf der sogenannten Metzgerzeile in München, direkt am Viktualienmarkt. Das sind die Geschäfte mit den vielen Laibern Leberkäs in der Auslage. Für Nichtbayern, die sich jetzt fragen, warum es Leberkäs beim Metzger gibt? Der besteht nicht aus Käse, sondern vor allem aus Schwein.

Wer uns also einen Schweinskopf oder – in Bayern passender – eine Schweinskopfsülze vor die Tür werfen will, dem sei gesagt: Wir essen's dann auch auf! Sogar, wenn gerade Ramadan ist.

Mein Vater nahm seiner türkischen Erziehung zum Trotz die bayerische Küche eben sehr schnell an. Man kann fast sagen, er umarmte sie regelrecht. Bei mir führte diese frühkindliche Prägung dazu, dass ich mit großem Enthusiasmus sowohl türkische Knoblauchwurst aus Hammel (Sucuk) als auch alles Bayerischschweinische (Gelbwurst, Leberkäs, Streichwurst) esse. Beim Thema Wurst gehe ich völlig auf in meiner binationalen Identität. Kein Zwiespalt, kein Konflikt. Einfach nur Wurst. Einmal von diesem, einmal von jenem Tier.

Ähnlich arglos war ich als Chorsängerin. Inbrünstig sang ich Jahr für Jahr in den Osterferien an mehreren Tagen in der Münchner Frauenkirche irgendwas von Sünde, Vergebung und Wiederauferstehung. Ich verstand das damals alles nur so halb, aber es war mir egal. Wenn die Katholiken gute Musik machen, dann nehme ich das eben mit. Hätte es in Moscheen Chöre gegeben, dann wäre ich das Jahr über ganz schön beschäftigt gewesen.

Nach einem jener Auftritte, es war Karfreitag, holte mich meine Mutter ab. Es wunderte mich damals als kleines Mädchen, dass meine Mutter, die ja aus der Kirche ausgetreten war, nicht augenblicklich beim Betreten des Doms der Blitz traf. Nein, im Gegenteil, meine sündige Mutter hatte sich sogar den ganzen Gottesdienst angesehen und sich dann auch noch eine Oblate beim Pfarrer abgeholt! Aus nostalgischen Gründen, wie sie mir versicherte. »Komm, wir holen uns eine Bratwurschtsemmel, du hast bestimmt Hunger«, sagte sie zu mir. »Aber Mama! Es ist Karfreitag! Aus meinem Chor isst heute keiner Fleisch!«, gab ich entgeistert zurück. So viel religiöse Bildung hatte ich dann doch schon aufgeschnappt. »Wer's glaubt, wird selig«, sagte meine Mutter und deutete sich mit dem Zeigefinger ans Hirn.

10

IM IRRGARTEN DER IDENTITÄTEN

Mia san mia.

»Das muss die Vorhaut sein!«, raunt mir mein Bruder andächtig zu. Endlich kommt der Moment, auf den wir die ganze Zeit gewartet haben: Ein Kellner balanciert ein großes silbernes Tablett über seinem Kopf in den Saal. »Die Vorhaut!«, entfährt es nun auch mir andächtig.

Mein Bruder und ich, gerade im Kindergartenalter, sind auf einem türkischen Beschneidungsfest eingeladen. Es geht dem kleinen Murat an den Schniedelwutz. Wir kennen allerdings weder ihn noch sonst irgendwen auf diesem Fest. Eingeladen sind wir, weil meine Mutter die Chefin des Cousins der Schwiegermutter der Tante des kleinen Murat ist. Da ist eine Einladung so logisch wie zwingend.

Jetzt wird Murat von seinem Papa auf dem Arm hereingetragen. Herausgeputzt wie ein Pfau. Wer schon mal auf einem türkischen Beschneidungsfest war, der weiß, wovon ich spreche. Die Jungs sind an ihrem großen Tag vielleicht fünf Jahre alt und werden wie kleine Sultane angezogen: Brokathosen, goldener Umhang, glitzernder Fes mit Federn, Bluse mit Volants. Den ganzen Tag werden sie in diesem Putz herumgetragen. Vermutlich, weil sie sich vor lauter Polyesterornamenten und -stickereien kaum noch bewegen können.

Bei so einem Bohei wird bestimmt auch die Vorhaut mit der entsprechenden Dramatik präsentiert, haben mein Bruder und ich uns schon Tage vorher gespannt gedacht. So wie in einem Gottesdienst ja auch mehrere Messdiener den Pfarrer flankieren, nur weil er ein paar Oblaten hereinbringt. Als der Kellner an unserem Tisch vorbeigeht, klettern mein Bruder und ich wie die Wilden auf unsere Stühle, um einen Blick auf das Silbertablett zu erhaschen. Doch zu unserer unendlichen Enttäuschung liegt dort nicht Murats Vorhaut – sondern nur vor Zuckerwasser triefendes Baklava.

Damit war das Thema Beschneidung für meinen Bruder erledigt. Vor Murats Beschneidungsfest war er meiner Mutter nämlich tagelang in den Ohren gelegen. Er wollte unbedingt auch beschnitten werden. Auf den Geschenkeberg und vor allem die coole Vorhautpräsentation wollte er auf keinen Fall verzichten. Aber so? Ohne dass die Gäste seine Vorhaut bestaunen konnten, die er sich todesmutig würde wegschnippeln lassen? Auf keinen Fall.

Wobei mein Bruder bei meiner Mutter mit seinem Anliegen vermutlich sowieso nicht durchgekommen wäre. Mein Vater war zwar auch bei einem Fest wie Murat ähnlich herausgeputzt und durch die Gegend gezerrt worden – bis er auf einen Maulbeerbaum geklettert war und sich über und über mit den knallroten Früchten eingesaut hatte. Aber für meine Krankenschwestermutter kam eine Beschneidung nicht in die Tüte. Eine OP ohne medizinische Indikation? Die Vorhaut bleibt dran!

Wie mein Bruder hatte übrigens auch ich eine kleine Phase der Identitätsverirrung, was religiöse Initiationsriten angeht. Während mein Bruder jedoch kurzzeitig bei den Muslimen anzudocken gedachte, versuchte ich mein Glück bei den Katholiken. Genau wie bei meinem Bruder ging es mir in erster Linie darum, das zu bekommen, was alle anderen Kinder um uns herum auch hatten: einmal einen großen Auftritt. Und den witterte ich bei der Erstkommunion.

Mädchen tragen in Bayern zur katholischen Erstkommunion Kleidchen, die wie Miniaturbrautkleider aussehen. Ich fand das als Kind todschick, was meine Mutter sehr bedauerte.

Immer wenn ich mit ihr Klamotten einkaufen ging, blieb ich an den Ständen mit den hässlichsten Glitzerexplosionen stehen. Es konnte mir gar nicht prinzessinnenmäßig genug sein. Meine Mutter vermochte sich nicht zu erklären, woher diese Neigung kam. Vom im Dreck Spielen in Marmaris? Wenn überhaupt, dann hatte ich eine frühkindliche Gummilatschenprägung. Aber Glitzer und Tutus? Das mussten einfach die türkischen Gene sein.

Mein Faible für den großen Auftritt im Ballkleid wurde durch meine Freundinnen im Chor befeuert: Denn die hatten natürlich alle Erstkommunion.

Ich wollte unbedingt auch wie eine kleine Braut verkleidet werden und Geschenke absahnen. Diesmal war ich mit meinem Vorhaben allerdings auf mich allein gestellt. Meine Freundin Melanie hatte den christlichen Pfad längst verlassen und sich nach unserer erfolglosen Oblatenjagd der Sekte der Pferdemädchen angeschlossen.

Ich war also wild entschlossen, auch an einer Erstkommunion teilzunehmen. Noch dazu hätte ich dann gleichzeitig auch endlich legalen Zugang zu diesen verdammten Oblaten. Ich fragte meine Chorkolleginnen eingehend dazu aus, wo sie ihre Kleidchen gekauft und wie viel Geld sie geschenkt bekommen hatten, und sah mich schon in einem weißen Sahnebaiser in die Frauenkirche schreiten. Auf dem Weg zu meiner ersten nicht erschlichenen Oblate. Zu meiner ersten Oblate überhaupt. Alle würden mir zuwinken. Anschließend würden wir in ein feines Restaurant gehen. Meine ganze riesige deutsch-türkische Familie würde antanzen, also alle fünf Personen. Ich würde mit Geschenken und Geld überschüttet werden. Und das alles, ohne auch nur einen Millimeter meiner nicht existenten Vorhaut opfern zu müssen.

Nichts von all dem ist je geschehen. Meinen Träumen wurde ein abruptes Ende gesetzt, als meine Chorleiterin mir erklärte, dass ich mich erst mal taufen lassen und danach ein halbes Jahr in den Kommunionsunterricht gehen müsste. Damit war das Thema für mich erledigt. So sehr liebte ich glänzenden Polyester dann doch nicht, dass ich dafür jede Woche über Jesus sprechen und im Reliunterricht Adam und Eva mit Blättern vorm Schritt malen wollte. Und wenn ich es so recht bedachte, fühlte sich das alles für mich dann doch nicht richtig an. Ein Beschneidungsfest, nur um Geschenke zu bekommen? Eine Erstkommunion, nur um eine weiße Polyesterexplosion tragen zu können? Mein Bruder und ich wären uns wie Betrüger vorgekommen. Das waren wir dann irgendwie doch nicht – trotz all der in uns schlummernden kriminellen Energie.

Aber wer waren wir denn dann? Wer war wie wir? In welche Schublade gehörten wir? In Bayern gibt es, wie Sie sicher durch den ein oder anderen sendungsbewussten bayerischen Minister- oder FC-Bayern-Präsidenten mitbekommen haben, den Spruch »Mia san mia«. Also »Wir sind wir«. Das ist so lapidar wie kompliziert. Klar sind wir wir und nicht ihr wir oder er wir.

Logisch, oder?

Andererseits: Waren mein Bruder und die Leute von der Vorhautparty wir? Oder ich und die Erstkommunionsmädels? Bei besagten Festen vermutlich eher nicht. Aber wenn Murat und mein Bruder zusammen Klingelstreiche verübten und ich mit den Kommunionsmädels im Chor sang, dann schon.

Aber angeblich gibt es da noch ein viel größeres »Mia«, das uns alle verbindet. Zumindest alle Bayern. Dazu musste dann doch auch eine Isartürkin zählen, schließlich fließt die Isar durch Bayern.

Ein paar Monate nach Murats Vorhautfiasko und der Entzauberung der Erstkommunion flatterte die Einladung zum großen Graf'schen Familientreffen in den Briefkasten der Aykanats. Sie erinnern sich? Meine Mutter ist ursprünglich eine Graf. Im bayerischen Riedenburg sollte es stattfinden. Ein Treffen ohne Vorhaut oder Brautkleidchen – und alle würden meine Sprache sprechen. Familie. Bayern. Glückseligkeit. Ich witterte ein großes, alles einschließendes Wir.

Tja, von wegen.

Leider muss ich schon mal vorwegnehmen, dass es, abgesehen von Beschneidungsfesten und katholischen Gottesdiensten, bei denen meine Freundin Melanie und ich auf Oblatenjagd gingen, bisher kein Event gab, auf dem ich mich mehr als der ausgeschlossene Sonderling gefühlt habe, wie jenes Familientreffen der Grafs 1993 im tiefsten Bayern. Also mein eigenes Familientreffen. Das meiner eigenen Familie. Sie erinnern sich? Tante Hilde und der Ku-Klux-Klan? Ich dachte mir damals die ganze Zeit: Wer zur Hölle sind diese Menschen? Hier nun endlich die ausführliche Geschichte in all ihren schrecklichen Details.

Wir kannten mal wieder niemanden. Und das, obwohl meine Mutter diesmal nicht die Chefin der Tante des Schwagers von irgendwem war, sondern wir die Tante, der Onkel, die Nichte, der

Cousin, die Cousine, die Schwägerin und die Großnichte von jedem dort waren. Ich fühlte mich trotzdem exakt genauso wie auf der Empore in der Münchner Frauenkirche. Irgendwie wie ein falscher Fünfziger.

Das lag zum Teil an meiner Mutter. Meine Mutter – sie wissen schon, die mit den Papageienohrringen und dem Afro auf die Krankenstation gehen wollte – verkleidete mich gerne als Fashion-Victim aus der großen Stadt. An Fasching schlug sie mir als Verkleidung nicht Prinzessin oder Fee vor, sondern wahlweise Punker oder Nutte. Eben Verkleidungen, bei denen sie mich ordentlich schminken konnte. Am Graf'schen Familientreffen äußerte sich diese Vorliebe meiner Mutter in der Form, dass ich aussah wie eine Mischung aus Vorstandssekretärin und Marijke Amado. Sie wissen schon, die Niederländerin, die die »Mini Playback Show« moderiert hat.

Ich war sieben Jahre alt, trug einen Faltenrock und einen Blazer mit rotem Revers, der an die Uniform eines Zirkusdirektors erinnerte. Ich steckte in Minicowboystiefeln! Meine Mutter fand das todschick und trug ein ähnliches Outfit, nur in groß, und natürlich knallrote Lippen.

Als wir auf den Hof der Wirtschaft in Riedenburg einbogen, ahnte ich bereits, dass das ein schwieriger Tag werden würde. Auf dem Parkplatz wuselten schon ein paar Dutzend Kinder herum. Und die sahen ganz und gar nicht aus wie ich. Die eine Hälfte der Mädchen in meinem Alter steckte in geblümten Dirndln. Die andere trug knielange Röcke mit Glitzergummizug am Bund und aufgedruckten Ponys. Dazu ausgewaschene T-Shirts mit Regenbogen oder Obstarrangements darauf und rosafarbene Strickjacken, die vermutlich schon einige Mädchengenerationen zuvor gewärmt hatten.

Als wir aus dem Auto stiegen, musterten mich meine Verwandten, als wäre die Dorfmatratze bei Tageslicht aus ihrem Loch gekrochen und wagte es, beim sonntäglichen Gottesdienst aufzutauchen. Meine Mutter deutete auf das Grüppchen und sagte: »Schau mal, Deniz, das sind alles deine Großgroßgroßcousinen! Die kannst du heute alle kennenlernen!«

Eine meiner Großgroßgroßcousinen flüsterte etwas in die Richtung: »Schaug amol dei dou oh!«[13] Sie musterte mich unverhohlen. Die anderen Großgroßgroßcousinen antworteten etwas, aber ich verstand kein Wort. Ich bemerkte allerdings, dass alle wie gebannt auf meine Stiefel starrten.

Ich wünschte in diesem Moment, ich hätte hässliche ausgetretene Plastikturnschuhe mit Pony- oder Glitzerapplikationen an, aber auf keinen Fall Minicowboystiefel aus echtem Wildleder. Ich spürte, dass mein Schuhwerk an diesem Tag noch eine große Rolle spielen würde.

Ich fiel schon so sehr aus dem Rahmen, dass ich es für die bessere Idee hielt, mich meinen Zwangsverwandten als »Anna« vorzustellen. War aber eh egal, man hielt mich sowieso schon für die Eingebildete mit den Stiefeln aus der Stadt.

Einen Schweinebraten und hundert Kniffe in meine Backen von irgendwelchen Großtanten und -onkels später musste ich dann wohl oder übel raus zu meinen Großgroßgroßcousinen zum Spielen. Und die wollten nicht etwa auf den Spielplatz neben der Wirtschaft, sondern auf den Bauernhof gegenüber. Die oberpfälzische Bauerngang wurde angeführt von einem besonders garstigen Exemplar: der Verena. Verena trug den Rock mit dem meisten Glitzer am Bund und die meisten Pferdeaccessoires im Haar.

---

13 Oberpfälzisch: »Schau mal die da an!« Eigentlich immer abfällig gemeint.

Ich vermute, dass das genug war, um sich für den Posten der Chefin zu qualifizieren.

Ich war ihr sichtlich ein Dorn im Auge, auf diese Verwandte mit den affigen Cowboystiefeln legte sie nun wirklich keinen Wert. Sie sagte etwas, das ich im Nachhinein als »Jetzt zoag ma deara bläiden Kou, wäi ma dou in Rianburg spülln« identifizieren kann,[14] und rannte mit ihrer Gang los in Richtung Bauernhof. Ich lief notgedrungen hinterher, so schnell es mit meinen engen nigelnagelneuen Cowboystiefeln eben ging.

Es hatte wenige Stunden vorher geregnet, der Matsch spritzte meine Strumpfhose hoch, was mir überhaupt nicht recht war. Ärger von meiner Mutter fürchtete ich nicht, nein. Doch die türkische Glitzertussi in mir konnte es nicht abhaben, wenn neue Dinge schmutzig wurden. Am liebsten hätte ich mir zum Schutz ein handgesticktes Spitzendeckchen umgewickelt oder wäre gleich komplett in der Wirtschaft sitzen geblieben.

Auf dem Bauernhof angekommen, war ich gerade dabei, penibel meine Cowboystiefel auf den wenigen matschfreien Fleckchen zu platzieren, als ich einen heftigen Schubser zwischen den Schulterblättern spürte und mit beiden Beinen fast bis zum Stiefelschaft im Misthaufen vor mir landete.

Ich wankte vor und zurück und konnte es gerade noch vermeiden umzukippen. Meine Cowboystiefel aber waren über und über mit Scheiße beschmiert. Verena und ihre Freundinnen wieherten vor Lachen. Mir stiegen die Tränen in die Augen. Gar nicht so sehr wegen der verdammten Stiefel, die mir ohnehin meine Mutter aufgedrängt hatte, sondern weil mir – so in der Scheiße untätig

---

[14] Oberpfälzisch für: »Jetzt zeigen wir der blöden Kuh mal, wie wir hier in Riedenburg spielen.« Ebenfalls nichts Gutes verheißend.

herumstehend – schlagartig bewusst wurde, dass in meinen und Verenas Adern doch tatsächlich das gleiche Blut floss. Zumindest Teile davon.

Ich konnte mir das nicht erklären. Wir sprachen nicht dieselbe Sprache, wir trugen nicht mal ähnliche Klamotten. Und gut leiden konnten wir uns erst recht nicht. Im Auto auf dem Weg zum Graf'schen Familientreffen hatte mir meine Mutter noch erzählt, was aus ihren Cousinen, also den Müttern von Verena und Co., denn so geworden war, seit meine Mutter Riedenburg verlassen und dann auch noch – o weh – einen Türken geheiratet hatte. Sie waren allesamt nie aus ihren Käffern herausgekommen und Hausfrauen geworden. Dagegen spricht grundsätzlich auch nichts. Jedem das Seine. Aber »Mia san Verena und ihre Mutter«? O Gott, bitte nicht!

»Äitz fangts a no zum Blärrn oh!«,[15] kreischte Verena vergnügt und wollte gerade zu weiteren Arschlochaktionen ansetzen, als mein Bruder plötzlich ums Eck bog, Verena ein Bein stellte und dabei »Du Scheiße einer Scheiße« auf Türkisch brüllte. Verena landete mit ihrem gerade noch hämisch grinsenden Gesicht im Misthaufen, direkt neben meinen Cowboystiefelspitzen voll Scheiße.

Attila hatte Verena zumindest für diesen Tag das Maul gestopft. Und wir kannten zwar weiterhin fast niemanden aus der Graf'schen Familie, aber mich und meinen Bruder kannte ab jetzt jeder.

Mia san Attila und Deniz!

---

15 Oberpfälzisch für: »Jetzt fängt sie auch noch zu weinen an!« Es wird einfach nicht besser.

11

GSTINKERTE KÜMMELTÜRKEN UND PUTZSÜCHTIGE DEUTSCHE

A Sau bleibd a Sau,
a wennsd ia a seidns Hemad oziagst.

»Ratsch!« macht es. Und noch mal: »Ratsch!« Ich stehe mit meiner Mutter im Waschkeller und helfe ihr beim Wäscheaufhängen. Was macht die da? Ich ziehe eines der Laken zur Seite, das schon über der Leine hängt, da wirft mir meine Mutter einen verschwörerischen Blick zu. Dabei hält sie irgendetwas in der Hand, das wie ein Lappen aussieht, und dann macht es plötzlich wieder: »Ratsch!« Meine Mutter hat gerade eines der Unterhemden meines Vaters in der Mitte durchgerissen. Dann zieht meine Mutter die Augenbrauen hoch, verzieht den wie immer knallrot geschminkten Mund spöttisch und flüstert: »Ohhhh, wie schade, da ist wohl wieder eines von Papas Unterhemden beim Waschen kaputtgegangen.«

Mein Vater interessierte sich normalerweise nicht sonderlich für das, was im Waschkeller so ablief, kam meiner Mutter aber natürlich irgendwann auf die Schliche. Dass es im Ingenieurs-Mekka Deutschland Waschmaschinen geben sollte, die regelmäßig seine Unterhemden – und auch nur seine – zerstörten, konnte er nicht glauben.

Manchmal hegte er derart freundschaftliche Gefühle für die Lappen, die er seine Unterhemden nannte, dass er dann richtig sauer auf meine Mutter wurde. Es kam zum Streit. Und auf dem Höhepunkt der gegenseitigen Vorwürfe sagte meine Mutter: »Willst du so ein gstinkerter Kümmeltürke sein?!«

Wenn meine Mutter meinen Vater ärgern oder drastische Maßnahmen ihm gegenüber rechtfertigen will, nennt sie ihn einen »gstinkerten Kümmeltürken«. Das ist natürlich liebevoll gemeint. Also ein bisschen zumindest. Und sie tut das auch nur, wenn sie wirklich nicht weiterweiß. Zum Beispiel, wenn mein Vater eben darauf besteht, uralte Unterhemden zu behalten, die unter den Achseln schon ganz durchsichtig sind, so dünn ist der Stoff geworden. Die Wortwahl meiner Mutter ist dabei durchaus nicht willkürlich. Sie weiß genau, womit sie meinen Vater auf die Palme bringen kann. Denn mein Vater fürchtet nichts mehr, als für einen »gstinkerten Kümmeltürken« gehalten zu werden.

Diese Angst führte schon zu manch seltsamer Szene im Hause Aykanat. Zum Beispiel dieser hier: Meine Mutter und ich standen in der Küche und bereiteten Cacık zu. Eine Art kalte türkische Joghurtsuppe mit Gurken. Und Knoblauch.

Mein Vater kam schnuppernd wie ein Dackel in die Küche getrappelt und hatte einen Gesichtsausdruck drauf, als würden wir gerade eine Bombe basteln. »Wie viel Knoblauch ist da drin?«, fragte er und legte dabei die Stirn in tiefe Falten. Eigentlich war es keine Frage, denn für ihn war sowieso schon klar: Es ist zu viel Knoblauch, garantiert. »Eine Zehe für die ganze Schüssel«, sagte meine Mutter. Es war eine wirklich große Schüssel.

Mein Vater verzog das Gesicht, tunkte unvermittelt seinen kleinen Finger in die Schüssel und leckte ihn ab. Er trat einen Schritt zurück, seine Crocs quietschten, er verzog noch mehr das Gesicht und gab einen Ton von sich wie eine rostige Mülltonne, bei der man den Deckel anhebt. »Das kann ich nicht essen! Morgen ist im Büro Besprechung mit dem Chef. Da kann ich nicht stinken wie ein Iltis!«

Er drehte sich abrupt zum Kühlschrank und holte eine Gurke heraus. SEINE Gurke. Er würde beim Abendessen also nicht das wahnsinnig leckere Cacık von mir und meiner Mutter essen, sondern seine persönliche, vor allen Kümmeltürkenvorwürfen sichere gewürz- und gesichtslose Gurke.

Noch drastischer reagiert mein Vater nur, wenn wir Fisch machen. Bei so einer Gelegenheit ist es schon einmal passiert, dass mein Vater zwei, drei Nächte in seinem Wohnwagen in Berching übernachtete. Zur Sicherheit!

Mein Vater liebt Fisch eigentlich. »Aber doch nicht hier!«, entgegnet er meiner Mutter, wenn sie ein unschuldiges Alupäckchen mit Lachs in den Ofen schieben will. Mit »nicht hier« meint er zwei Dinge: »nicht hier« in der Aykanat'schen Küche und am besten erst gar »nicht hier« in Deutschland.

Guten Fisch gibt es nach Ansicht meines Vaters nämlich nur in der Türkei. Dasselbe gilt, wie Sie bereits wissen, auch für Olivenöl und natürlich noch eine Menge anderer Dinge. Außerdem könnte es bei der Zubereitung von Fisch im eigenen Heim dazu kommen, dass man womöglich selbst danach etwas »fischelt«. Und das wiederum wäre der Super-GAU für meinen Vater. »Ich kann so fischelnd morgen nicht in die Arbeit gehen! Morgen kommt schließlich der Dings«, sagt er dann immer panisch. Dings ist sein Chef aus den USA.

Mein Vater will mit den Fischen im Hause Aykanat nichts zu tun haben. Das höchste der Gefühle sind Garnelen. Die – genau! – fischeln nicht ganz so schlimm wie Fisch. Sind ja auch Garnelen.

Diese Besessenheit meines Vaters, irgendwie schlecht riechen zu können, hat er vielleicht so manchem Vorurteil gegenüber Türken zu verdanken. Denn es gibt dieses Bild vom dreckigen Türken. Türken riechen nach Kümmel. Kümmeltürken eben. Noch viel öfter riechen sie aber nach Knoblauch. (Knoblauch kommt in der türkischen Küche viel öfter vor. Korrekt müsste es eigentlich sowieso Knoblauchtürke heißen.) Türken essen ständig Schafsinnereien, und die Türkinnen schwitzen und müffeln außerdem ganz bestimmt unter ihrem Kopftuch. Und türkische Familien haben nicht mal Koffer, sondern verreisen mit Aldi-Tüten, in denen es sicherlich nur so wimmelt von Knoblauch und Kümmel und Schafsinnereien!

Überhaupt das ganze Essen, immer riecht es bei denen überall nach Essen! Und so anderes Essen! Andere Gewürze. Ist ja nicht so, dass ein Deutscher nicht auch mal nach Schweinebraten oder Schnitzel riecht, wenn er aus der Wirtschaft kommt. Aber das kennt man eben!

Mir ist es selbst zwar nie passiert, aber ich kenne diese typische Geschichte von anderen Deutschtürken: Die handelnden Figuren sind zwar immer andere, aber der Plot ist derselbe. Eine Schulklasse in einer Grundschule irgendwo in Deutschland: Keiner will neben dem türkischen Kind sitzen. Weil … ja warum eigentlich? Na, weil es stinkt!

Blödsinn natürlich.

Vermutlich riecht das Kind nach gar nichts. Höchstens danach, wonach alle Kinder manchmal riechen: Kashaxn.[16] Die riechen übrigens in jedem Land gleich schlimm. Und wenn da doch irgendetwas Ungewohntes herüberwabern sollte, dann stinkt dieses

---

[16] Bairisch für »Käsefüße«.

Kind nicht, sondern riecht: nach Petersilie, Kreuzkümmel und Zimt. Was man eben so benutzt in der türkischen Küche. Es gibt Schlimmeres.

Ich weiß gar nicht, woher dieser Irrglaube von den stinkenden Türken überhaupt kommt. Denn ich kenne kein Volk, das so viel Zeit mit Putzen beschäftigt ist wie die Türken. Sie putzen ununterbrochen: sich selber, die Wohnung, das Auto. Türken putzen sogar den Staub. Diesen Gipfel der Sauberkeit kann man besonders schön im türkischen Hochsommer erleben, wenn Türken den Asphalt vor ihren Läden und Restaurants schrubben, damit dort kein Staub aufgewirbelt werden kann, der sich dann auf die parkenden Autos legt.

Oder auf den Fernstraßen. Dort gibt es alle paar Hundert Meter an den staubigen Straßen Raststätten. Kleine Stände, die nur aus einem Kühlschrank mit Cola, Wasser und Ayran und einem Sonnenschirm bestehen, oder richtige Restaurants mit Garten. Vor jedem dieser Etablissements hängt eine eigenartige Schlauchapparatur einige Meter über der Straße mit einem Duschkopf am Ende des Schlauches. An viel befahrenen Straßen sprüht er unaufhörlich Wasser. An anderen gibt es an der Seite einen Knopf, und schon sprudelt es für einige Minuten.

Diese Vorrichtungen sind Auto- und Straßendusche in einem. Sie befreien die Autos vom Staub und sollen gleichzeitig die Straße vor dem Stand oder der Raststätte schön feucht halten, damit erst gar nicht so viel aufgewirbelt werden kann und weder Autos noch Menschen allzu staubig werden.

Apropos Staub: Als ich in Istanbul studierte, wohnte ich in einem kleinen Zimmer mit Balkon. Ein Glücksfall, denn viele meiner Mitstudenten wohnten in dunklen Hinterzimmern ohne Fenster. Mein Glück fand allerdings jeden Tag um Punkt 9.30 Uhr ein jähes Ende. Genau um diese Uhrzeit machte sich meine türkische Nachbarin von oben täglich daran, alle Teppiche ihrer Wohnung auf den Balkon zu schleppen und penibel auszuklopfen. Jeden Tag verdunkelte eine Staubwolke urplötzlich meine Sicht, ich fühlte mich wie in »Independence Day«, wenn das riesige Ufo sich vor die Sonne schiebt. Ich versuchte inmitten dieser Staubapokalypse, die Nachbarin zum Aufhören zu bewegen, indem ich mich wild fuchtelnd über das Balkongeländer lehnte – und bekam einen flatternden Perserteppich ins Gesicht geschleudert.

Ich wünschte meiner Nachbarin den Tod durch Asthma. Allerdings nur so lange, bis ich beschämt feststellen musste, dass ich an dem ganzen Fiasko selbst schuld war. Die Teppiche meiner Nachbarin waren nämlich sauber. Die wurden ja auch täglich ausgeklopft. Nur mein Balkon strotzte so vor Dreck, dass jedes Lüftchen ihn sofort in einen explodierten Sandkasten verwandelte.

Während irgendeines Feiertags konnte ich einmal einen Blick in die Wohnung über mir werfen. Da wusste ich auch sofort, warum meine Nachbarin so verdammt viel Zeit darauf verwendete, ihre Teppiche auszuklopfen. Ganz einfach, weil sie ungefähr drei Millionen davon besaß. Jeder Quadratmillimeter in der Wohnung war mit schweren Orientteppichen bedeckt. Jeder. Quadrat. Millimeter.

Die Wohnung war auch sonst bis ins letzte Eckchen vollgestopft. An jedem Fenster hing mindestens eine Garnitur schwerer Vorhänge an den Seiten. Dazu noch direkt vor den Fenstern dünne weiße Spitzenvorhänge, damit auch ja niemand von außen reinschauen konnte.

Das Wohnzimmer war zudem geradezu ausgekleidet mit Sofas. Türkische Familien sind groß, wenn man mal von meiner eigenen absieht. Und sie besuchen sich ständig gegenseitig. Da braucht es viel Platz zum Sitzen und endlosen Ratschen. Auf diesen Sofas liegen natürlich unzählige Deckchen, also mindestens ein Deckchen pro Kopf, der sich bei dem stundenlangen Gelage ja nach hinten in den Nacken legen und dabei die Sofarückenlehne berühren könnte. Nicht auszudenken, wenn dann an dieser Stelle kein Deckchen liegt! Auch jeder Tisch und jedes Tischchen, jede Kommode und jeder Schemel war mit handgemachten Spitzendeckchen versehen.

Die ganze Wohnung wirkte wie eine orientalische, handgeklöppelte Gummizelle. Ich glaube, wenn ich gestolpert und hingefallen wäre, ich hätte mich sicherlich nicht verletzt. Alles war schließlich bis ins letzte Eck gepolstert und verkleidet. Hätte sich hier jemand aus dem Fenster stürzen wollen, er oder sie hätte sich vorher mit den weißen Spitzenvorhängen stranguliert.

Und wie in einer Gummizelle war alles – entgegen meinem ersten Verdacht – porentief sauber. Dieser Wohnung gewordene Perserteppich roch nach der türkischen Version von Lenor, Sorte Mittelmeerbrise. Die Mutter, die Innenministerin dieses Clans, verbrachte den ganzen Tag damit, zu waschen, Bettlaken zu stärken, Deckchen zu sticken und an passender Stelle auszulegen. Vorhänge runter, waschen, bügeln, Vorhänge rauf. So ging das tagein und tagaus. Und da die Teppiche unter dem Getrappel der Gäste natürlich am meisten zu leiden hatten, wurden diese gleich täglich ausgeklopft.

Meine Mutter, der ich natürlich in aller Ausführlichkeit von meiner Sauberkeitsoffenbarung erzählt habe, ist davon heute noch schwer beeindruckt. Und das muss man bei einer Krankenschwester, der mein Vater gerne einen Putzfimmel attestiert, erst mal schaffen.

Der türkische Sauberkeitswahn erstreckt sich auf alle Bereiche des Lebens. Isst man zum Beispiel an einem Kebabstand in der Türkei, bekommt man kein Leitungswasser hingestellt, sondern einzeln luftdicht abgepackte Plastikbecher mit Wasser. Setzt man sich in einen Überlandbus, geht nach fünf Sekunden der Busfahrer mit Kölnischwasser durch die Reihen und tauft damit alle Fahrgäste großzügig. Hände hoch! Vorher gibt es keine Nüsse!

Oder das Wort »Islak mendil«. Es ist eines der ersten Wörter auf Türkisch, das ich lernte, und mit Sicherheit das meistbenutzte auf jedem türkischen Ausflug oder Picknick. Es bedeutet: »Feuchttücher«. Wenn es gesundheitlich unbedenklich wäre, würden Türken Feuchttücher garantiert auch essen.

Mein staubiger Balkon war also eine Schande für die türkische Nation. Jedes Mal, wenn sich der Saharasandsturm vor meinem Fenster legte, unternahm ich einen halbherzigen Versuch, ihn auf Vordermann zu bringen. Aber ich schob Dreck und Staub nur von einer Seite zur anderen. Ich wusste überhaupt nicht, wie ich das angehen sollte. Ich hätte vielleicht mal bei meiner Nachbarin in die Lehre gehen sollen.

Fehlte es mir jetzt an typisch deutscher oder typisch türkischer Reinlichkeit? Um meinen Identitätskonflikt zu kompensieren, stauchte ich meine französischen und holländischen Mitbewohnerinnen zusammen, die immer mit Straßenschuhen die Wohnung betraten. In Deutschland schon ein Unding, in der Türkei eine Todsünde. Sollten die doch selber entscheiden, ob da die Türkin oder die Deutsche aus mir sprach.

Einmal besuchten uns die Kinder der Nachbarsfamilie. Als meine Mitbewohnerinnen ihnen in Straßenschuhen die Tür öffneten und abwinkten, als die Kinder sich die Schuhe am Eingang ausziehen wollten, sahen sie uns an, als hätte ihnen ihre Mutter gerade verkündet, dass sie ab jetzt das Kochen einstellen will.

Den Gipfel meines Identitätskonflikts erlebte ich aber in einem Istanbuler Hammam. Während meines Studiums bekam ich oft Besuch aus Deutschland. Meinen Freundinnen wollte ich, da ich ja jetzt endlich richtig Türkisch lernte und in der Heimat meines Vaters lebte, natürlich die Möglichkeit bieten, vollends in die türkische Kultur einzutauchen. Ich ging mit ihnen ins Hammam in meiner Straße, das ich wegen seiner heruntergekommenen Fassade für total authentisch hielt. Wie sich herausstellen sollte, hatte das aber nichts mit Authentizität zu tun, sondern damit, dass seit Jahren fast keine Türkin in diesen Hammam einen Fuß gesetzt hatte. Die Hammamkultur in Istanbul ist nämlich eigentlich weitgehend ausgestorben, und Türkinnen waschen sich lieber zu Hause oder gehen ins Spa. Jedenfalls waren nur meine Freundinnen und ich da, dafür bekamen wir dann offenbar besonders viel Zuwendung. Hatice und Nilüfer, zwei hemdsärmelige Mittvierzigerinnen in schwarzer Baumwollunterwäsche, nahmen sich unserer an.

Das mit der schwarzen Unterwäsche finde ich bis heute sehr verwirrend. Wenn ich in Deutschland in die Sauna gehe und jemand kommt in Bikini oder Badehose herein, krieg ich die Krise. Wie kann man nur! Textilfrei, steht doch an der Tür! Sogar mit passenden Comics. Was gibt es da nicht zu verstehen?! Noch schlimmer ist es nur, wenn Badegäste gar mit ihren Gummilatschen in die Sauna kommen! Da werde ich fast ohnmächtig vor Ärger. Man könnte meinen, ich wäre in der DDR an einem FKK-Strand aufgewachsen. Und kein Schweiß aufs Holz, zum hundertsten Mal!

Und so dachte ich, dass man auch im türkischen Hammam komplett nackt ist. Ich stellte mir das vor wie in einem Harem. Man liegt auf Tagesbetten herum, und Eunuchen wedeln uns mit Palmblättern Luft zu. So oder so ähnlich.

Ich war sehr erstaunt, als ich feststellen musste, dass man in türkischen Hammams mindestens ein Bikinihöschen trägt. So kam ich mir im total authentischen Hammam in meiner Straße also gleich mal wie die klischeehafte freizügige Deutsche vor. Ich rannte schnell – so schnell es die zu großen ausgeliehenen Galoschen erlaubten, denn auch die hatte ich in meinem Authentizitätswahn vergessen – zurück zur Umkleide und zog mir eine Unterhose an.

Mit der Unterhose hatte ich allerdings offenbar auch die deutsche Verklemmtheit mit angezogen. Oder waren das jetzt türkische Hemmungen?

Zurück im dampfigen Hauptraum wurden wir auf der beheizten Marmorplatte – die in meinem Freundeskreis nur noch die »Schlachtplatte« genannt wird – erst einmal mit einem Schwall Seifenwasser übergossen, woraufhin wir halb blind waren. Anschließend führte Nilüfer uns nacheinander wortlos zu einem Holzschemel, auf den wir uns setzen und von ihr mit einem groben Seidenhandschuh, der an feinkörniges Schmirgelpapier aus dem Baumarkt erinnerte, abrubbeln lassen mussten. Nach dieser Prozedur waren wir rosig wie Schweinchen.

Nilüfer war ein zähes, sehniges Biest. Ihre Hände waren tiefrot, woraus ich schloss, dass sie schon verdammt viele Frauen abgeschmirgelt haben musste. Und zu meiner völligen Verwirrung zog sie sich für die Peelingaktion extra den BH aus. Während sie also ruckartig an mir herumrubbelte, wogten ihre schlauchartigen Brüste wie ein Pendel über meinem Kopf.

Dann hatte Hatice ihren Auftritt. Mit einem ungnädigen Funkeln in den Augen betrat sie den Raum: Hatice war im Gegensatz zu Nilüfer ziemlich gut beieinander. Auch sie war mittlerweile oben ohne unterwegs. Unvermittelt gab sie mir einen kräftigen Schubser, sodass ich bäuchlings über die klatschnasse Marmorplatte schlitterte. Kurz bevor ich am anderen Ende gegen das Marmorwaschbecken krachte, hielt sie mich am großen Zeh fest und zog mich zu sich zurück. Dann vollführte Hatice an mir ihre Form der Tiefenmassage, von der ich noch Wochen später blaue Flecken hatte. Ich lag während dieser Prozedur steif wie ein Stockfisch auf der Platte. Starr vor Scham.

In Bayern sagt man: »A Sau bleibd a Sau, a wennsd ia a seidns Hemad oziagst.« Das bedeutet so viel wie: Egal was man tut, man kann eben nicht raus aus der eigenen Haut. Genau so fühlte ich mich in diesem Hammam. Ich wollte irgendwie »besonders türkisch« rüberkommen. Meinem Besuch beweisen, dass ich jetzt in Istanbul meine Wurzeln gefunden hatte und »total bei mir« war. Vermutlich verbrachte ich zu viel Zeit mit Austauschstudenten, die zu viel Paulo Coelho lasen. Dabei hatte ich in Deutschland eigentlich kein so großes Problem mit meiner Doppelidentität gehabt. Da überwog eher das Gefühl, den Jackpot gewonnen zu haben. Zur deutschen Kultur hatte ich noch die türkische dazubekommen. Yeah! Mehr ist mehr. Oder?

Während mir diese Gedanken durch den Kopf schwirrten, versuchte sich Hatice in Small Talk. Sie wollte wissen, ob ich verheiratet bin, warum ich noch keine Kinder habe, warum mein Türkisch so schlecht ist, warum mein Türkisch so gut ist, was meine Eltern beruflich machen, wann ich mich denn bitte schön das letzte Mal ordentlich gewaschen habe, da kommen ja immer noch schwarze Würmchen von mir runter!

Ja. Das ist meine Haut! Aua!

Einerseits war ich verwundert, dass Nilüfer und Hatice in einem Frauenhammam mit Unterwäsche herumliefen. Andererseits fand ich es höchst befremdlich, von ihnen durchgewalkt zu werden. Und dann diese ganzen Fragen zu meinem Privatleben.

Ich war völlig verwirrt: War ich ein verklemmter freizügiger Spießer mit Vorliebe für FKK?

Währenddessen wusch die zähe Nilüfer einer meiner Freundinnen die Haare. Sechsmal hintereinander. Mit Kernseife. Meine Freundin hatte sich gerade neue Strähnchen färben lassen und von der Friseurin den Auftrag bekommen, ihre Haare in den nächsten Tagen lieber nur mit Mineralwasser aus der Flasche zu spülen. Damit der Kalk des Leitungswassers die Farbbrillanz nicht beeinträchtigt. Meine Freundin sah mich an, als würde sie mich jetzt gerne mit einem Saunahandtuch erdrosseln. Unsere Freundschaft hat seitdem einen Knacks.

Immerhin: Nach Kümmel oder Knoblauch rochen meine Freundinnen und ich danach sicher nicht mehr. Eher wie ein steriler OP.

Hätte mein Vater bestimmt gut gefunden. Aber nur in Deutschland! Komischerweise stört ihn der Knoblauch- und der Fischgeruch in der Türkei nämlich überhaupt nicht. Da ist er einfach mit Haut und Haaren Kümmeltürke.

Was lernte ich also nach diesem Besuch im Hammam? Türken sind auf genauso verklemmte Weise freizügig wie Deutsche, einen Putzfimmel haben wir alle – und ich kann nun mal nicht so leicht aus meiner deutsch-türkischen Haut, wie die resolute Hatice mit ihrem Peelinghandschuh das gerne hätte.

12

FAMILIENBANDE

Erwarte von einem Skorpion nicht annähernd das Böse, das Verwandte einander antun können.

AKRABANIN AKRABAYA AKREP ETMEZ ETTIĞINI.

Mein Vater klebt mit dem Gesicht an der Fensterscheibe meines Kinderzimmers und starrt seiner einzigen Tochter, also mir, hinterher, als ich mit einem zwei Meter großen Typen händchenhaltend unsere Hofeinfahrt verlasse. Ein zweites Gesicht quetscht sich daneben: das meiner Mutter.

Mein Vater macht einen Gesichtsausdruck, als würde ich mein Elternhaus gerade für immer verlassen und nicht etwa nur in den Urlaub an den Gardasee fahren. Übrigens mein erstes Mal Gardasee. Schließlich habe ich meine Sommerferien bisher ausschließlich in der Türkei verbracht.

»Jetzt schau nicht wie ein sterbender Zeki Müren![17] Sie kommt doch wieder«, versucht meine Mutter meinen Vater zu beruhigen.

»Aber sie hätte ihn doch mal vorstellen können!«, zetert mein Vater, die Augenbrauen immer noch zum Spitzdach des Schmerzes geformt.

---

[17] Müren, Zeki: türkischer Arabesque Sänger und Nationalheld, der für seine hochdramatischen, todtraurigen Konzerte berühmt war, auf denen das Publikum immer Rotz und Wasser heulte.

Dass ich die Konfrontation von Freund und Vater vermeiden konnte, habe ich einer List meiner Mutter zu verdanken. Die hatte meinen Vater mit den Worten »Heute hängst du die Wäsche auf, sonst bin ich versucht, wieder deine Unterhemden zu zerreißen« in den Waschkeller geschickt. Während mein Vater unten seine Lappen sortierte, holte mein brandneuer Freund mich und meinen Koffer oben an der Tür ab, um dann so schnell wie möglich ins Auto zu flüchten.

Meine Eltern entfernen ihre Gesichter nun von der Fensterscheibe, es gibt ja nichts mehr zu sehen. »Gestern hast du mich noch gefragt, ob deine Tochter lesbisch ist«, hält meine Mutter meinem Vater vor. »Na, weil sie bisher nie einen Dings mit nach Hause gebracht hat!«, sagt mein Vater beleidigt. Meine Mutter verdreht die Augen: »Dreimal darfst du raten, warum.«

Es ist bekannt, dass türkische Väter über ihre Töchter mit Argusaugen wachen. Und mein Vater war da nicht anders. Als mir im Türkeiurlaub ein Kellner mal eine Cola ausgab, nahm mich mein Vater zur Seite, blickte mich todernst an und flüsterte wie in einem Agentenfilm: »Ich kenne meine Landsleute! Pass bloß auf!« Einmal ließ ich ein Freundschaftskettchen mit einer goldenen Herzhälfte auf der Ablage unseres Badspiegels liegen. Die andere Hälfte gehörte Melanie, meiner Oblatengefährtin. Am nächsten Tag lag ein Zettel auf dem Kettchen, auf das mein Vater geschrieben hatte: »Wer hat dir dieses Dings geschenkt??«

»Ist der auch gut zu dir, Kızım?«, fragte mich mein Vater allen Ernstes, als ich von jenem Urlaub mit meinem Freund am Gardasee zurückkam. Ich fühlte mich in eine Zeit versetzt, in der Frauen nicht nur viel größere Unterhosen, sondern auch den farblich dazu passenden Keuschheitsgürtel getragen haben. Ich überlegte, wie ich meinem Vater verklickern könnte, dass ich schon groß bin, ohne ihn damit zu kränken, da schob er schon hinterher: »Weil, wenn nicht, dann mache ich Hackfleisch aus ihm!«

Zehn Jahre später habe ich jenen Zweimetermann geheiratet. Mein Vater hatte am Standesamt Tränchen in den Augen. Des Glücks! Glaube ich.

Ich ahnte schon als kleines Mädchen, dass türkische Papas ein bisschen anders sind als deutsche Väter. Und dass so eine Portion Türkei ganz besondere Familien hervorbringt. Das merkte ich zum Beispiel bei meiner ersten türkischen Hochzeit, da war ich fünf Jahre alt. Nein, ich war nicht die Braut. Aber ich lernte eine wichtige Lektion über die Art und Weise, wie Türken Feste feiern und wie sie wichtige Familienangelegenheiten klären. Und dass wir Aykanats davon ganz schön viel übernommen haben, ohne dass es mir bewusst war. Ich dachte, wir wären halt einfach die komische Version einer deutschen Familie. Dabei hatte sich der türkische Familiensinn bei uns eingeschlichen.

Zunächst einmal fiel mir aber auf, dass der Begriff »Familie« bei Türken sehr dehnbar ist. Das fing schon damit an, dass ich überhaupt nicht wusste, auf wessen Hochzeit wir da eigentlich waren.

Die Hochzeit fand im Saal eines großen bayerischen Wirtshauses am Rande von München statt. Es war Winter, der Biergarten drum herum war ausgestorben, die dicken, knorrigen Kastanienbäume, die im Sommer aus diesem tristen Ort den bayerischen Klischeetraum schlechthin machen, waren eingeschneit. Ich hatte eher das Gefühl, dass wir zu einer Weihnachtsfeier gehen als zu einer türkischen Hochzeit.

Wir kannten weder Braut noch Bräutigam. Wir waren eingeladen, weil meine Mutter eine Arbeitskollegin der Tante des Bräutigams war. Das ist auch im Fall einer Hochzeit für Türken Grund genug, um auf der Gästeliste zu stehen. Weitere persönliche Verstrickungen sind nicht nötig.

Man ist ganz generell immer nur ein »Merhaba«[18] von einer türkischen Familie entfernt. Türken sind es nicht gewohnt, dass außer ihnen noch jemand anderes ihre Sprache spricht. Umso mehr geraten sie aus dem Häuschen, wenn man auch nur ein paar Brocken Türkisch kann. Es reichen ein paar Höflichkeitsfloskeln, und man ist in den Kreis der Familie aufgenommen. Mindestens zum Essen wird man eingeladen.

Kurz bevor ich in Istanbul zu studieren begann, machte ich mit meinem Freund ein paar Tage lang Urlaub an der Schwarzmeerküste. Der dortige Dialekt machte es für mich Türkischanfängerin schwierig, irgendetwas zu verstehen.

Das Küstenörtchen war bei Istanbulern beliebt, und fast alle Hotels waren ausgebucht. Nachdem wir stundenlang mit unseren Rollkoffern die hügelige Strandpromenade und die kleine Einkaufsstraße auf und ab gelaufen waren und jedes einzelne Hotel erfolglos abgeklappert hatten, nahm ich meinen ganzen Mut und meine paar Brocken Türkisch zusammen und fragte einen der Taxifahrer, ob es irgendwo denn noch ein Hotel gebe.

Der Taxifahrer sah mich an, als wäre ich seine verlorene Tochter. Wie erwartet ergoss sich ein Schwall rasend schneller türkischer Sätze über mich. Ich steuerte geradewegs auf einen Rehmoment zu. Er gestikulierte wild in Richtung seiner Kollegen, sagte viele Dinge, die ich nicht ansatzweise verstand, und bugsierte mich, meinen Freund und unsere Koffer anschließend in sein Auto. Der Mann hieß Murat, und nach ungefähr fünf Minuten wusste ich

---

[18] Türkisch für »Hallo«.

alles über seine Frau und seine fünf Kinder. Zumindest das, was ich glaubte zu verstehen.

Wir wussten nicht so recht, wie uns geschieht. Aber wir waren nach der Hotelsuche bei 40 Grad Hitze so fertig, dass wir auch in Murats Kuhstall übernachtet hätten, wenn er Kuhstallbesitzer gewesen wäre.

Murat fuhr uns aber zu seinem Cousin Betül, einem Hotelbesitzer. Dort angekommen, wuchtete er erst mal unsere Koffer aus dem Taxi, die wir fortan nicht mehr berühren durften. Service ist Service. Dann wurden wir mit Tee und Baklava bewirtet.

Das klingt jetzt erst mal gut, aber wichtig zu erwähnen ist auch, dass es nicht nur Vorteile hat, wenn man sich eine türkische Familie anlacht. Betül hatte nur noch einen kleinen vergilbten Zahn im Mund und sprach so starkes Schwarzmeertürkisch, dass ich wirklich kein einziges Wort verstand. Er sprach laut und dachte wohl, dass ich ihn schon verstehen würde, je näher er bei seinen Monologen an mein Gesicht kam. Betül hätte dringend eine Seifenbehandlung bei meinen Hammambekanntschaften Hatice und Nilüfer nötig gehabt. Ich kämpfte gegen die drohende Ohnmacht an, indem ich ein Glas Tee nach dem anderen in mich hineinschüttete und nur noch durch den Mund atmete.

Und das Hotel. Vielleicht nennen wir es nicht Hotel. Ich will Sie hier schließlich nicht in die Irre führen. Das »Badezimmer« war eine Toilette auf dem Gang, von der ich anfangs dachte: Oh, wie hübsch, eine zitronengelbe Schüssel. War aber jahrzehntealter Urinstein. Das Bad bot außerdem die Wahlmöglichkeit, sich entweder beim Duschen zu erleichtern oder aber während des Toilettengangs gleichzeitig auch noch zu duschen. Wie praktisch.

Betül hingegen machte offensichtlich keines von beidem. Er roch nach dem Schweiß von hundert Sommern. Sie werden sich jetzt sicher wundern. Ich habe mich doch gerade erst lang und breit darüber ausgelassen, dass Türken so reinlich sind, dass sie sogar Feuchttücher essen würden. Warum stank dann Betül so unfassbar? Bald wusste ich, warum: In dem ganzen Hotel war keine einzige Frau zu sehen. Wie ich später von Murat erfuhr, der uns nicht mehr von der Seite wich, war Betül Witwer. Die Ehe war zudem kinderlos geblieben. Und so sehr sich türkische Familien immer noch eher über männliche Nachkommen freuen – so ein paar Frauen sind ihnen dann doch wichtig. Stichwort Urinstein. Eine Frau wie meine Nachbarin in Istanbul hätte diesem »Hotel« enorm gutgetan. Sie hätte vermutlich das ganze Haus abreißen lassen und dann erst mal ein handgeklöppeltes Spitzendeckchen über den Schutthaufen gebreitet.

Aber für uns gab es nun kein Zurück mehr. Wenn wir Murat und seine Familie – die jetzt ja auch unsere Familie war – nicht maßlos enttäuschen wollten, mussten wir da durch. Also erst mal rein ins Urinbad. Als wir notdürftig gesäubert waren, so gut das eben in einem dreckigen Bad geht, stand Murat schon wie der Pate höchstpersönlich unten mit laufendem Motor bereit.

Am Abend jenes Urlaubsauftaktes aßen wir selbstverständlich im Fischrestaurant von Murats Schwippschwager Aytaç. Da gab es überhaupt keine Diskussion. Wir aßen auch an jedem weiteren Abend bei Aytaç. Denn nach unserem Versuch, am zweiten Abend »zufällig« an seinem Restaurant vorbeizulaufen, passte uns Murat immer direkt am Hoteleingang ab, lud uns ins Taxi und fuhr uns eigenhändig zu Aytaç. Zu Murats und Aytaç' Ehrenrettung muss ich zumindest erwähnen, dass das Essen sehr gut war. Nur eben jeden Abend das gleiche.

Und mich erwarteten noch weitere »Serviceleistungen«. Ich gehörte immerhin halb zur türkischen Ursuppe. Es begann mein Studienjahr in Istanbul. Diese Zeit lässt sich wohl am besten mit dem Satz »Babası Türk« zusammenfassen. »Babası Türk« bedeutet einfach nur: »Ihr Vater ist Türke«. »Einfach nur« trifft es aber nicht ganz. Denn »einfach« ist danach gar nichts mehr. »Babası Türk« zieht einen Rattenschwanz an Konsequenzen nach sich. Vor allem einen Rattenschwanz an Kontakten.

Geprägt wurde der kurze Satz von Charly, die auch aus München kam und ebenfalls für ein Auslandsjahr an den Bosporus gezogen war. Charly war wie ich strohblond, wobei meine Blondheit für sie anfangs eine ziemliche Enttäuschung gewesen war. Wir hatten uns vor unserem Istanbulaufenthalt nicht gekannt, und entsprechend hatte sie sich jene »Deniz Aykanat« als waschechte Türkin vorgestellt, die sie in die Geheimnisse der türkischen Kultur einweihen würde. Falsch gedacht. Nachdem dieses erste Missverständnis ausgeräumt war, kamen wir allerdings großartig miteinander klar. Und wenn wir wie das doppelte blonde Lottchen in Istanbul unterwegs waren, ereigneten sich früher oder später, meist früher, Szenen wie diese:

Zum Beispiel am Simit-Stand, den kleinen Glaskästen, in denen überall in der Stadt ein bagelartiges Gebäck mit Sesam darauf verkauft wird. Ich bestellte auf Türkisch zwei Kringel. »Sie sprechen Türkisch!«, freute sich der Verkäufer sogleich unbändig. »Ein bisschen«, gab ich verlegen zurück und freute mich, dass ich die Antwort auf meine paar Brocken zur Abwechslung auch mal verstanden hatte. Kein Reh-wenn-es-blitzt-Moment.

»Wo haben Sie so gut Türkisch gelernt?« Ich faselte etwas von Unikursen und Auslandssemester in Istanbul. Der Simit-Verkäufer ging nun zur unweigerlichen Familienanbahnung über und wollte wissen, wie wir heißen, woher wir kommen, wer unsere Eltern sind und was sie beruflich machen. Der übliche türkische Small Talk eben. Als ich meinen Namen nannte, hielt er inne.

»Denise?«

»Nein, Deniz.«

»Das türkische Deniz? Wie Meer?«

»Ja, genau.«

»Wieso heißen Sie Deniz?«

Jetzt war Charlys Moment gekommen: »Babası Türk«, sagte sie mit einer Mischung aus professioneller Routine und leichter Genervtheit. »Ihr Vater ist Türke.« Es folgte meine übliche Aufklärung über die Art und Weise, wie sich Gene vermischen und dabei auch seltene Phänotypen wie ich herauskommen können.

Der Simit-Verkäufer war augenblicklich begeistert und nahm mich nun vollends in den Kreis seiner Familie auf. Er bestand darauf, mir seine Nummer zu geben, und blickte mich verschwörerisch an. Das passiert bei solchen »Babası Türk«-Begegnungen immer. Bei den ersten Malen fürchtete ich dann immer, irgendwie angegraben zu werden. Das Nummernaustauschen hat aber einen ganz anderen Sinn. »Wenn du mal Probleme mit der türkischen Mafia bekommen solltest, ich bin jetzt dein Abi,[19] ich hau dich da raus«, sagte der Simit-Verkäufer. Aha. Gut zu wissen.

Die Szene hat sich aber auch schon an der Bar, an der Supermarktkasse, am Strand, im Überlandbus oder bei unserem Betreuer in der Uni abgespielt. Seit ich in Istanbul studiert habe, sind deshalb mindestens 15 Typen in meinem Handy unter dem Stichwort »Abi/Neuer Bruder/Mafiaprobleme« abgespeichert. Ich

---

[19] Türkisch für »großer Bruder«, von »ağabey«, das kennen wir ja schon.

habe es bis heute nicht über mich gebracht, sie zu löschen. Man weiß ja nie, wann man sie noch gebrauchen könnte.

In türkischen Familien oder solchen, in denen man unfreiwillig Mitglied wird, kann es nämlich ziemlich schnell ziemlich dramatisch zugehen. In türkischen Familien wird geliebt oder gehasst. Dazwischen gibt es nichts. Schwarz und Weiß. Grautöne sind was für Schwächlinge. Das hat einerseits den Vorteil, dass es unter Türken einen enormen Familienzusammenhalt gibt. Auf der anderen Seite hat man nie seine Ruhe, ständig mischt sich einer in die Angelegenheiten des anderen ein – und alles ist immer ganz ganz ganz schlimm und persönlich.

Einmal saß Familie Aykanat vergnügt beim Abendessen, und ich erzählte, dass ich den Dolmabahçe-Palast in Istanbul architektonisch zwar wunderschön, im Inneren aber als viel zu vollgestopft empfinde. Mein Vater hatte gerade noch tiefenentspannt ein Stück Rindsroulade von seinem Lieblingsmetzger aufgespießt, da wurde er augenblicklich zur Furie. Er warf mir westlichen Kulturimperialismus vor, enterbte mich und sprach eine Woche lang nicht mit mir. Im Türkischen sagt man auch: »Erwarte von einem Skorpion nicht annähernd das Böse, das Verwandte einander antun können.«

Wenn ich mich mit meiner Mutter streite, dann ist fünf Minuten später alles wieder gut. Wir zicken uns an, laut wird es selten, und dann haben wir uns wieder lieb. Wenn ich mich mit meinem Vater zoffe, fliegen die Fetzen, wir reden ein halbes Jahr nicht miteinander und vertragen uns dann urplötzlich und tränenreich. Meistens, weil meine Mutter meinem Vater mit Scheidung droht und mich parallel dazu zwingt, mich einfach für irgendetwas bei ihm zu entschuldigen. Egal was! Hauptsache, das Drama hat endlich ein Ende.

Mit einer ähnlichen Dramatik begegnen türkische Familien ihrem Fernseher! Der ist auch bei uns ein Familienmitglied. Wie bei jeder ordentlichen türkischen Familie läuft die Glotze bei uns ununterbrochen. Als unser alter Röhrenfernseher den Geist aufgab, saßen wir alle auf Kissen am Boden um den Wohnzimmertisch herum und aßen zu Abend. Es lief gerade »Wetten, dass ..?«, Thomas Gottschalk verlor in Unterhosen von der Studiodecke herunterhängend die Saalwette, da knackte es plötzlich laut, das Bild wurde schwarz, und über unserem Familienmitglied stieg ein Rauchwölkchen empor. Ich schwör, es war so! Keiner traute sich, auch nur einen Laut von sich zu geben. Mein Vater starrte fassungslos auf seinen Telecommander und ich ... hätte fast ein Requiem aus meinem Kirchenchorrepertoire angestimmt. Es war eine Familientragödie.

Apropos Familientragödie. Kommen wir wieder zu meiner ersten Hochzeit, die noch auf ihren dramatischen Höhepunkt zusteuern sollte. Zunächst einmal war ich von dieser Hochzeit einfach schwer beeindruckt. Dramatik und Pathos – das können die Türken genauso gut wie die katholische Kirche. Der riesige Saal war bis unter die Decke voll mit »Familienangehörigen« beziehungsweise dem, was Türken darunter verstehen: also eben jeder Mensch, den das Brautpaar oder aber Verwandte, Freunde sowie Bekannte des Brautpaars jemals in ihrem Leben gesehen haben. Nicht zu vergessen auch alle losen Bekanntschaften der losen Bekanntschaften des Brautpaars.

All diese Menschen waren in den Saal eingepfercht, als plötzlich die Lichter gelöscht wurden. Die Ankunft des Brautpaars stand kurz bevor. Etwas engere Bekannte des Brautpaars stellten sich in einer Doppelreihe auf und fassten sich über den Köpfen an den Händen. Einer der Cousins der Braut – ein unglaublicher

Gschaftlhuber, heute würde man Wedding Planner dazu sagen – steckte in jedes Handpaar eine angezündete Kerze. So entstand ein kerzenbeleuchteter Korridor aus Menschen, durch den das Brautpaar bei seiner Ankunft schritt. Währenddessen brach im Saal ohrenbetäubender Lärm aus. Die Menschen freuten sich, als hätten sie die Frischvermählten tatsächlich schon mal gesehen.

Selbst noch so moderne Menschen verfallen ja gerne mal zurück ins Mittelalter, wenn es ums Heiraten geht. Das ist bei deutschen Hochzeiten nicht anders, sodass ich manchmal das Gefühl habe, dass deutsche Familien dann am türkischsten sind, wenn sie heiraten. Ja, Sie haben richtig gelesen: Es heiratet immer die ganze Familie. Von den Türken kennt man das, aber bei den Deutschen ist das auch nicht anders. Und was kommt dabei heraus, wenn nicht zwei Menschen, sondern immer gleich zwei Clans heiraten? Genau! Horrende Kosten. Und die wiederum fördern fragwürdige Traditionen zutage.

Deutsche Hochzeitseinladungen zum Beispiel kommen nicht mehr ohne Gedichte aus, in denen der Gast pseudowitzig darauf hingewiesen wird, dass er sich sein Salatbesteck oder das Messerset sonst wo hinstecken kann und gefälligst mit Kohle rüberzuwachsen hat! Klingt ungefähr so: »Wir müssen Euch noch schnell was sagen, nicht des Schenkens wegen seid Ihr eingeladen. Kommt mit guter Laune und viel Zeit, dann macht Ihr uns die größte Freud. Wollt Ihr uns trotzdem etwas schenken, könnt Ihr an unser Sparschwein denken!«

Die Türken machen das Ganze zwar viel subtiler, sind aber eigentlich nicht weniger geldgeil als die Deutschen. Türken laden grundsätzlich auch noch die hinterletzte angeheiratete Verwandtschaft aus Hinteranatolien ein. Und irgendwie muss das bezahlt werden.

Deshalb gibt es auf türkischen Hochzeiten – und eben auch auf dieser – Geld in rauen Mengen. Oder genauer: Es gibt echtes Gold.

Kurz nachdem das Brautpaar den Kerzenkorridor passiert hatte, gab es nämlich kein Essen. Nein, nein, nein. Es würde noch sehr lange Zeit kein Essen geben. Allerdings war ich von dem, was stattdessen passierte, ohnehin zu sehr geblendet, um noch an Essen denken zu können.

Die Gäste stellten sich artig wie Kindergartenkinder in einer langen Reihe auf. Als sie dran waren, wurden ihre Namen laut verkündet – und wie viele Geldscheine und Goldmünzen sie hatten springen lassen. Die wurden dann nicht wie bei deutschen Hochzeiten züchtig im Briefumschlag übergeben oder gar vorher schon aufs Konto der Brautleute überwiesen, sondern mit Nadeln an der Kleidung des Brautpaars festgesteckt, bis es unter den Unzen fast zusammenbrach.

Verwandte der Braut mussten sie stützen, als sie schließlich zurück zu ihrem Tisch gehen wollte.

Später, als ich selbst in das Alter kam und auf so manche Hochzeit in Bayern eingeladen war, musste ich feststellen, dass ich von den Gepflogenheiten auf bayerischen Hochzeiten genauso überrascht war wie damals als Fünfjährige von türkischen Hochzeiten.

Es ist erstaunlich, wie sehr sich bayerische und türkische Hochzeiten ähneln, wenn man die sogenannten Traditionen mal genauer betrachtet. Bayerische Hochzeitsgäste stehen türkischen Familienskorpionen da in nichts nach. Zum Beispiel bei der in Bayern üblichen Brautentführung. Wenn auf einer bayerischen Hochzeit die Stimmung gerade so richtig gut ist, bilden sich die Freunde des Bräutigams ein, diesen Umstand zerstören zu müssen, indem sie die Braut kidnappen und mit ihr in eine verrauchte Dorfkneipe gehen. Dort hocken sie dann stundenlang, trinken einen Schnaps nach dem anderen und warten auf den Bräutigam, der schon viel zu betrunken ist, um sich daran zu erinnern, dass es im Dorf überhaupt eine Kneipe gibt. Sie können sich vorstellen, wie die Stimmung dann beim Wiederfinden der Braut ist.

Bei den Türken geht es ähnlich zu, aber ein Kaliber krasser: Die ganze Heirat ist schließlich eine einzige Brautentführung. Der Bräutigam entführt die Braut für immer aus ihrem Elternhaus, weshalb Mama und Papa am Hochzeitstag auf der Türschwelle stehen und Rotz und Wasser heulen, weil Töchterchen gleich zum Standesamt fährt. Töchterchen verbringt zwar auch künftig jeden Sommerurlaub mit Mama, Papa, Oma und Opa in der Türkei – aber trotzdem!

Es gibt jedoch ein entscheidendes Detail, an dem man eine türkische von einer deutschen Hochzeit klar unterscheiden kann: Blut.

Der Goldtransfer von den Taschen der Hochzeitsgäste an die Kleidung des Brautpaars war abgeschlossen, da hörte man vom anderen Ende des Saals her ein unglaubliches Geschrei. Die nächste »Tradition«? Vielleicht so etwas wie Klageweiber, nur mit Freudengeschrei? Oder gehörte das zur Musik? Wurde vielleicht eine Vorhaut von irgendjemandem präsentiert?

Doch das Geschrei schien von draußen zu kommen. Meine Eltern und ich traten vor die Tür des Wirtshauses, um zu sehen, was da los war. Unter unseren Füßen versickerte eine große rote Lache in den Ritzen des Katzenkopfpflasters.

Ein paar Meter weiter weg hielten mehrere Männer einen anderen fest, der einem Typen gegenüberstand, der wiederum seinerseits von weiteren Männern festgehalten wurde. Die Nasen der beiden Festgehaltenen berührten sich fast, aus der einen tropfte das Blut.

Die Brautmutter war uns nach draußen gefolgt und muss meinen erschrockenen Gesichtsausdruck bemerkt haben. »Canım,[20] wenn es nicht mindestens einmal richtig kracht, war es keine türkische Hochzeit«, erklärte sie mir fachkundig. Dann lieferte sie die Kurzversion der hochdramatischen Geschichte: Der Cousin der Braut hatte die Schwägerin des Bräutigams schief angeschaut, woraufhin der Cousin des Bräutigams den Cousin der Braut vermöbelte. Während drinnen so ausdauernd Halay getanzt wurde, als hinge davon der Fortbestand der Menschheit ab, funkelten sich Cousin eins und zwei hasserfüllt an.

Während es bei türkischen Hochzeiten mitunter schnell handgreiflich wird, kann man aber auch auf deutschen Hochzeiten eine bestimmte Form der Körperverletzung beobachten.

Ich war mal auf einer bayerischen Hochzeit, da breitete der Brautvater minutiös die von sehr vielen Hochs und Tiefs geprägte Beziehung der Frischvermählten aus. Er sprach dabei nicht nur jedes erdenkliche On und Off der Beziehung an, sondern kam auch auf die so kühne wie abwegige Idee, diese Meilensteine immer mit dem passenden weltgeschichtlichen Ereignis zu paaren, das zufällig gleichzeitig stattfand. Das hörte sich in etwa so an:

»Liebe Gäste, dann kam der 11. September 2001: Terroristen kapern mehrere Passagierflugzeuge und steuern sie in die Zwillingstürme des World Trade Center in New York und in das US-Verteidigungsministerium, auch Pentagon genannt. Eine weitere Maschine wird kurz vor Camp David zum Absturz gebracht.« Er hielt inne und blickte sich im mit weißen Blüten geschmückten Festzelt

[20] Türkisch für »mein(e) Liebe(r)«.

um. Alle hielten den Atem an und dachten oder hofften, dass nun die Pointe kommen würde. Und das tat sie auch: »Tausende und Abertausende Menschen starben in den brennenden und rauchenden Trümmern.« Weitere rhetorische Pause für das Publikum, um das Ganze sacken zu lassen. »Ralf und Angie trennen sich an genau diesem Tag zum fünften Mal. Der Ralf war ja inzwischen Arzt am Klinikum in Oberviechtach. Und wir wissen ja, dass an so einer Landklinik die hübschesten Krankenschwestern herumlaufen.«

Zu diesem Zeitpunkt waren alle Gäste zu unhörbarer Flachatmung übergegangen. Keiner rührte sich. Ich musste an die Blutlache vor dem Münchner Wirtshaus denken und wie schockiert ich damals als Fünfjährige gewesen war. Und mir kam der Gedanke: Irgendwie ist das hier jetzt sehr viel unangenehmer. Wo sind die türkischen Cousins, wenn man sie mal braucht!?

13

FUSIONSKÜCHE

Heimat ist nicht da, wo man geboren ist,
sondern da, wo man satt wird.

İNSANIN VATANI DOĞDUĞU YER DEĞİL, DOYDUĞU YERDIR.

Mein Vater sitzt zwischen mehreren Schüsseln, die er neben sich auf dem Sofa und vor sich auf dem Couchtisch verteilt hat, vor dem Fernseher und schaut seine Lieblingsserie »Dahoam is dahoam«. Unter jeder einzelnen Schüssel hat mein Vater fein säuberlich frisch gewaschene Geschirrtücher drapiert.

Während der Komödien-Stadel 2.0 über den Bildschirm flimmert, nimmt sich mein Vater eine Stange Spargel aus der Schüssel neben sich, hält sie über eine weitere Schüssel vor sich auf dem Couchtisch und setzt mit dem Schäler an. Es ist aber nicht irgendein Sparschäler, mit dem man Kartoffeln schält. Nein, wir haben es hier mit Hightech zu tun!

»Da schau amal her, Töchterli. Das ist ein tolles Dings«, sagt mein Vater und hält mir einen doppelseitigen Schäler unter die Nase. Mit Spezialgriff und extra Schiene, die dafür sorgen soll, dass sich die fadenartige Schale der Spargelstangen nicht in den Schneidemessern verheddert.

Ich tue so, als würde ich mich wahnsinnig dafür interessieren und fürchte gleichzeitig, dass ich nun einen ähnlich langen Vortrag zu hören bekomme, wie bei den Themen Wolken oder »Star

Trek«. Mein Vater schiebt seine Brille auf die Nasenspitze herunter und setzt den Schäler fachkundig an der Spargelstange an. »Sodala, ganz unten andingern und dann dingert man das ganz geschmeidig entlang!«

Die Spargelschalen rollen wie silberne Löckchen in die Schüssel. Mein Vater betrachtet sein Werk, als hätte er soeben herausgefunden, wie man Gold spinnt. »Dings, oder?«, sagt er in meine Richtung. »Also Wahnsinn!« Und ich muss zugeben, ich bin tatsächlich beeindruckt – davon, wie mein Vater es schafft, aus einem gewöhnlichen Ereignis wie dem Schälen von Gemüse ein Spektakel zu machen.

Mein Vater freut sich mit der gleichen völlig unerklärlichen Besessenheit auf die Spargelsaison wie alle Deutschen. Ich mag Spargel. Aber ich habe nie verstanden, wie man dieser Zeit so entgegenfiebern kann, als stünde Weihnachten vor der Tür. Wenn Spargelzeit ist, besteht mein Vater darauf, dass er in der Familie Aykanat mindestens alle zwei Tage auf dem Menüplan steht.

Um die Zubereitung kümmert sich, das haben Sie sicherlich bereits erkannt, nicht meine deutsche Mutter, sondern mein Vater. Dabei kann man nämlich verdammt viel falsch machen. Sagt mein Vater. Das fängt schon beim Einkauf an. Nach einer mehrjährigen Odyssee auf der Suche nach dem perfekten Spargel besteht mein Vater darauf, dass bei Aykanats nur noch Abensberger Spargel im Topf landet. Um das herauszufinden, hat er mehrere Münchner Marktfrauen auf dem Viktualienmarkt in den Wahnsinn oder zumindest in den vorzeitigen Ruhestand getrieben.

Nachdem mein Vater endlich das richtige Produkt gefunden hatte, machte er sich daran, die Zubereitung zu perfektionieren, und nutzte dabei alle Möglichkeiten deutscher Ingenieurskunst.

Den doppelten Spargelschäler entdeckte er auf dem Haushaltsmarkt der Dult in der Münchner Au, die dort dreimal im Jahr stattfindet.

Wenn meine Eltern dort hingehen, trinken sie keine Halbe im Zelt oder fahren Karussell oder essen eine Bratwurst, so wie jeder normale Mensch. Nein, sie kommen mit folgenden Utensilien zurück: ein Spätzlesieb, über dessen Praktikabilität meine Eltern jederzeit aus dem Stand dozieren können und wollen. Oder die Tube, die in meiner Familie nur noch »die Wunderpaste« genannt wird. Ein Wunder ist sie zweifelsohne, weil sie nicht nur jeden erdenklichen Fleck, sondern auch alles andere aus einem Kleidungsstück herausbekommt: also die ursprüngliche Farbe, jegliche Textur, Nähte oder sogar Reißverschlüsse. Aber der Fleck ist eben auch weg. Toll!

Meine Mutter ließ sich gerade zum fünften Mal den magischen Chiefmaster der Gemüsehobel vorführen, dass es ihr vor lauter geraspelten Zwiebeln und Rettichen nur so die Tränen in die Augen trieb, als sich mein Vater am Stand daneben den doppelten Spargelschäler aufschwatzen ließ.

Er ist so fasziniert von dem neuen Gerät, dass er sich in nervenzerreißender Langsamkeit damit beschäftigen kann und will. Man möchte ja eigentlich meinen: doppelte Klingen, doppelte Geschwindigkeit beim Schälen der Spargelmassen. Ich bin aber fest davon überzeugt, dass die Spargelzubereitung doppelt so lange dauert, seitdem der doppelte Spargelschäler im Aykanat'schen Haushalt Einzug gehalten hat. Doppelt so viel Spaß für meinen Vater eben.

»Dahoam is Dahoam« war schon längst vorbei, da saß mein Vater immer noch zwischen einem Berg Spargel und schälte in aller Seelenruhe.

Jetzt kam ja überhaupt erst der wichtigste Teil, und den wollte er mir unbedingt vorführen – ob ich nun wollte oder nicht. Türkische Väter bringen nämlich gerne Dinge bei. Es ist dabei unerheblich, ob man diese Dinge bereits kann, ob man sie jemals im Leben braucht oder ob man sich auch nur einen Funken dafür interessiert.

Einmal verlegte mein Vater in der ganzen Wohnung neue Bodenleisten. Es war ihm ein besonderes Anliegen, dass ich jeden Handgriff davon mitbekam. Stundenlang folgte ich meinem Vater Zimmer für Zimmer, durfte dabei aber nichts machen (»Da muss ein Profi ran!«), außer genauestens jeden Handgriff zu beobachten.

Ein anderes Mal brachte mir mein Vater eine halbe Stunde lang bei, wie man die Autotüren korrekt schließt. Nicht mit so einem lauten Rums. Aber auch nicht zu sachte, sodass man Gefahr läuft, dass die Tür gar nicht zugeht. Wir standen also in der Tiefgarage, und ich musste (durfte!) unter den Argusaugen meines Vaters wie beim Golftraining den richtigen Schwung üben. Tür auf, Tür zu, Tür auf, Tür zu – bis der Hausmeister runterkam und fragte, was zur Hölle wir da eigentlich machten.

Bodenleisten, Autotüren – und jetzt Spargel.

»Jetzt schau amal her, Kızım, weißt du, wie man beim Dings die richtige Stelle erkennt, um das holzige Dings abzudingern, ohne zu viel zu erwischen?«, sagte mein Vater und deutete mit dem Spargel in meine Richtung, als hätte er einen Zeigestab in der Hand. Ich wollte gerade nach dem Spargel greifen, da zog er das Ding eilig zurück und sagte: »Na, na, schau zu, dann lernst was!«

Er klopfte mit der Spargelstange gegen die Kante des Couchtisches, beugte sich runter, klopfte ein Stück weiter unten mit der Stange wieder gegen den Tisch und lauschte dem Klopfen. »Hier!«, rief er. Er legte den Spargel locker mit dem Kopfende in die rechte Handfläche und drückte am anderen Ende sachte herunter. Die Stange bog sich leicht, dann machte es dumpf: knack.

»Ha!«, rief mein Vater und strahlte über das ganze Gesicht. »Jetzt ist das Dings genau an der Stelle gedingert, wo es holzig wird.«

So ging das noch eine weitere Stunde, ich durfte zuschauen, bis auch die letzte Stange des Abensberger Fünf-Kilo-Pakets fachgerecht vom Profi geknackt worden war.

Ja. Mein Vater ist ein Pedant. Ich kenne keinen Menschen, der mit einer derartigen deutschen Spießigkeit Dinge repariert oder Lebensmittel zubereitet. Mein Vater ist geradezu besessen von Lebensmitteln. So wie jeder Türke. Das fängt schon beim Einkauf an.

Wenn mein türkischer Vater Lebensmittel einkauft, sieht das nämlich so aus: Erst einmal faltet er penibel für den Transport der Lebensmittel geeignete Tüten, Schachteln und Kartons und verstaut sie im Sitz seiner Vespa. Seit mindestens zehn Jahren sind es exakt dieselben Tüten, Schachteln und Kartons. Ökologischdeutsch und so. Außerdem sind sie perfekt auf die Größe des Rollers und die zu besorgenden Lebensmittel abgestimmt. Die Milchkartons passen exakt in die eine Schachtel: Zwei an der kurzen, drei an der langen Seite. Passgenauer Abschluss an den Kanten.

Wenn meine deutsche Mutter einkaufen geht, dann reißt sie am Gemüsestand ein Plastiktütchen von der Rolle, sucht sich ein paar Tomaten ohne Dellen aus, zahlt und geht. Mein Vater hingegen kurvt durch die ganze Stadt, klappert Supermärkte, Discounter und Marktstände ab und lässt nicht locker, bis er das beste Obst und Gemüse ausfindig gemacht hat. Mein Vater kauft nicht einfach Tomaten. Nein. Er untersucht jede einzelne erst mal eingehend. Er riecht an jeder einzelnen. Währenddessen murmelt er leise irgendetwas vor sich hin, in dem Worte wie »Gewächshaus«, »Wasser«, »Holland« und »fade Gschicht« vorkommen. Manchmal sieht er eine Gurke so missbilligend an, als hätte sie einen schlechten Charakter.

Danach sind die Kirschen dran. Ganz schwierig. Längeres Herumwühlen in einem Häufchen, eine Kirsche in den Mund geschnipst – und sofort wieder ausgespuckt!

In den Markthallen dann endlich echte Ware gefunden (türkische natürlich!), die sofort kiloweise gekauft wird. Wenn es so traumhafte Ware gibt, muss mein Vater auch mal von seinem perfekt durchgeplanten Verpackungskonzept abweichen. Mit drei Dutzend Spanngurten befestigt er die Paletten auf dem Roller. Es kommt nicht von ungefähr, dass mein Vater, wenn er vom Einkaufen zurückkommt, von unseren Nachbarn öfter gefragt wird, ob er den Hunger in Afrika kurieren will.

Türken sind wie gesagt besessen von Essen. Ihre Küche bedeutet für sie nämlich ein Stück Heimat.

Dazu gehört auch der Fokus auf das Produkt. Worin man den Türken nämlich absolut nichts vormachen kann, ist die Qualität der Lebensmittel. Für Türken ist eine Tomate nicht einfach nur eine Tomate, sondern Quell enormer Lebensfreude – und Diskussionen. Vor allem bei den Deutschtürken scheint die deutsche Pedanterie dermaßen auf ihre türkische Fressbesessenheit abgefärbt zu haben, dass Loriot es sich nicht besser ausgedacht hätte.

Beweisstück 1: Die Türkeiurlaube der Familie Aykanat. Die beginnen nämlich so:

Erster Abend, Restaurant
Mutter: *»Hast du diesen Salat probiert? Köstlich! Diese Tomaten – die Sonne höchstpersönlich im Tomatenkostüm.«*
Vater: *»Da braucht man ja eigentlich nichts mehr dazu. Keine Gewürze, nicht amal a Dings, a Salz. Höchstens einen Schuss Olivenöl. Türkisches natürlich!«*

Ich: *»Sogar die einfachsten Dinge schmecken hier einfach viel besser. Da brauch ich gar kein Rinderfilet und Pipapo. Ein einfacher Tomatensalat mit Zwiebeln und Petersilie. Geil!«*
Vater zum Kellner: *»Mein Bruder, wirklich hervorragend. In Deutschland kriegen wir ja so was gar nicht mehr. Schmeckt alles nach Wasser! Ich weiß gar nicht, wie wir da eigentlich noch existieren können.«*

Schaffen wir dann aber doch immer irgendwie.

Denn mit dem richtigen Essen kann man sich Heimat auch erkochen. Die Türken sagen: Heimat ist nicht da, wo man geboren ist, sondern da, wo man satt wird. Mein Vater hat nie wirklich in Erwägung gezogen, in die Türkei zurückzukehren. Er hat das höchstens ein paarmal im Zorn angedroht. Zum Beispiel, als Edmund Stoiber als Kanzler kandidierte. Getan hat er es freilich nie. Aber wenn er von seinen Türkeiurlauben zurückkommt und mir stolz Dutzende Fotos vom Hotelbuffet zeigt oder wenn er von seinem Lieblingstürken im Münchner Schlachthofviertel erzählt, dann merke ich, dass er manchmal Heimweh hat. So seltsam es klingt: Mit seiner spießigen Art, Lebensmittel einzukaufen und zu verarbeiten, holt er sich ein Stückchen alte Heimat in die neue Heimat – und in gewisser Weise ist auf diese Art und Weise Deutschland zu einer zweiten Heimat für ihn geworden.

Es heißt ja oft, Deutsche und Südländer passten nicht gut zusammen. Den einen wird nachgesagt, dass sie jede einzelne Socke bügeln und sich persönlich beleidigt fühlen, wenn jemand in ihrer Gegenwart bei Rot über die Ampel geht. Die anderen gelten als faul und immun gegen jegliche Verkehrsregeln.

Von einer Sache aber bin ich absolut überzeugt: In jedem Türken wohnt ein kleiner deutscher Spießer. Die türkische Küchenkultur hat sich in der deutschen Ingenieurspedanterie hervorragend eingerichtet und dort eine neue Heimat gefunden.

Die Spargelprozedur meines Vaters erinnert mich übrigens an eine andere urdeutsche Tätigkeit. Denn so wie mein Vater Spargel schält, macht er auch seine Steuererklärung. Er sitzt dann ebenfalls auf seinem Sofa und bildet um sich und auf dem Couchtisch Dutzende Häufchen mit Papieren, Kassenbons, Quittungen. In der Kuhle, die sein Bauch bildet, ruht ein Tacker, bereit, das Leben meines Vaters zusammenzutackern, wo es geht.

Aber zurück zum heiligen Spargel. Er ließ jetzt die Spargelstangen eine nach der anderen zu Wasser, das die exakt richtige Temperatur und Salz-Zucker-Dosis für Abensberger Spargel aufwies. Es konnte sich nur noch um Stunden handeln. Dasselbe denke ich mir immer, wenn ich an meiner eigenen Steuer sitze.

Als gute Tochter kam ich aber natürlich nicht nur zur Nahrungsaufnahme nach Hause. Und da ich wie gesagt genau weiß, wie sehr man meinen Vater mit guten Lebensmitteln erfreuen kann, brachte ich an diesem Tag zum Nachtisch ein Netz Mandarinen vom Viktualienmarkt mit. Natürlich hatte ich sie vorgekostet, um meinen Vater nicht mit faden Südfrüchten zu verärgern.

Mein Vater blickte kurz von seinem Spargeltopf auf, nahm mir das Netz aus der Hand und ließ es am Zeigefinger vor seinen Augen hin und her baumeln, die sich allerdings alsbald zu Schlitzen verengten: »Kızım, jetzt schau amal her. Das sind keine Mandarinen! Höchstens Clementinen, wenn nicht gar Dings … Pomeranzen! Echte Dings gibt es in Deutschland fast gar nirgends mehr zu kaufen. Da musst du schon in die Türkei, weil da ist es nämlich so, dass …«

Ich starrte meditativ in den Topf und sah den perfekt geschälten und angeknacksten Spargelstangen beim Schwimmen zu.

14

ENDE UND ANFANG

Haymat ist, wo man dahoam ist.

Unter mir rattert der Motor einer klapprigen Yamaha-Maschine. Ich kralle mich mit meinen kleinen Händchen in den Haaren des Unterarms meines Vaters fest wie in eine Pferdemähne. Papas Arm liegt wie ein Schraubstock um meinen Bauch. Wir fliegen zur Seite, Rechtskurve! Ich bin starr vor Schreck, und gleichzeitig ist es das beste Gefühl der Welt. Linkskurve! Es hebt mich fast vom Sitz des Motorrads, aber Papa drückt mich fest an seinen Bauch. So fahren wir in einem Affenzahn die Serpentinen von Datça nach Marmaris entlang, rechts neben uns Abhänge runter zum türkisfarbenen Meer, links sandfarbene, steil aufragende Bergwände.

Meine speckigen Beinchen wedeln im Wind, die Sonne steht schon ganz tief, als wir wie in einem Western mit einer ordentlichen Staubwolke in unsere von Geröll und Sand übersäte Straße einbiegen, vorbei am Theater, in dem im Sommer türkische Popstars auftreten.

Mit einem lauten Quietschen halten wir vor unserem Gartentor, wo mein Bruder Attila nur mit Unterhose, ausgeleiertem T-Shirt und zu großen Gummilatschen im Staub sitzt und unseren zugelaufenen Hund Maxi streichelt. »Ich bin dran!!!«, brüllt er so laut, dass gegenüber von unserem Haus sogar der Arbeiter auf der Baustelle kurz von seiner Betonmischmaschine aufschaut.

Ich also runter vom klapprigen Motorrad. Mein Bruder setzt sich vor unseren Vater, und sie verschwinden im Sonnenuntergang – während meine Mutter plötzlich hinter mir auftaucht und den beiden hinterherkreischt: »Ja seid's ihr narrisch???[21] Çabuk çabuuukkk!!« Das bedeutet: »langsamer«. Eines der ersten türkischen Wörter, die meine Mutter gelernt hat.

Ein Kind in der Türkei zu sein ist ein Traum. Und ein Albtraum zugleich. Zumindest wenn man meine Mutter fragt. Wenn es in Marmaris eine deutsche Schule gegeben hätte, dann wäre ich jetzt vermutlich eine Türkendeutsche in der Türkei statt einer Deutschtürkin in Deutschland. Oder wie auch immer man mich dann nennen würde. Als mein Bruder so langsam ins Vorschulalter kam, reichte es meiner Mutter nämlich mit der Türkei. Das mit dem Fahnenappell in schwarzer Schuluniform selbst bei 30 Grad im Schatten habe ich Ihnen bereits erzählt. Dazu jeden Morgen auf die türkische Flagge schwören? Und der Lehrplan war auch schon in den Achtzigerjahren nicht gerade wie in einer deutschen Waldorfschule. Erdoğan hat mittlerweile die Evolutionslehre aus dem Lehrplan getilgt, damals war sie NOCH nicht drin. Außerdem fürchtete meine Mutter, dass mein Bruder und ich, die vermutlich einzigen blonden Kinder von ganz Marmaris, immer irgendwie die Außenseiter bleiben würden. Blonder Atatürk hin oder her.

Es gab aber auch so einiges, das meine Mutter schmerzlich vermissen sollte, als wir wieder zurück nach Deutschland zogen. Be-

---

[21] Bairisch für »nicht ganz dicht«. Und ja, wir waren nicht ganz dicht.

tritt man in Deutschland mit Kleinkindern oder Babys ein Café, dann wünschen einem die meisten Gäste und das Personal, dass einen der Blitz beim Wickeln trifft. »Die Mutter« gilt zwar hierzulande immer noch als Heiligtum – manchmal bekomme ich den Eindruck, dass große Teile der Bevölkerung gerne noch das Mutterkreuz der Nazis verleihen würden –, aber sie soll ihre Schratzen[22] bitte möglichst im Verborgenen großziehen. Mit Kindern darf sie sich nur an ausgewählten Orten mit Artgenossinnen zeigen (Rückbildungskurs, Spielplatz, Kindercafé – aber bitte nicht so laut spielen, die Nachbarn!) und dann erst wieder, wenn die Kinder an der Uni sind.

Auch in der Türkei gilt »die Mutter« zwar als Heiligtum, nicht wenige Türken schließen daraus gar, dass Frauen auch nichts anderes zu sein hätten als Mütter. Allerdings wird nicht angenommen, dass Kinder brav daheim sitzen, bis sie ihren Bachelor gemacht haben, sondern tatsächlich auch in der Öffentlichkeit auftauchen. Und dies manchmal sogar in lärmender Art und Weise.

Während ich darüber nachdenke, wie es sich wohl anfühlte für meine Mutter, als sie vor dreißig Jahren mit ihren kasweißen und blonden Kindern durch Marmaris spazierte, höre ich es nebenan brüllen. Mein kleiner Vierteltürke, der seit nun über einem Jahr mein Leben bevölkert, »meldet« sich – wie es Hebammen und Kinderärzte so gerne ausdrücken, als ginge es um die Wiedervorlage in der Amtsstube und nicht um ein plärrendes hungriges Kleinkind. Ich bilde mir ein, dass ich da eine gute Portion orientalisches Temperament heraushöre. Und auch die rotblonden Haare meiner türkischen Oma mit dem Atatürk-Amulett haben sich mal

---

22 Bairisch für kleine, sehr junge und sehr anspruchsvolle Menschen mit Drang zur Zerstörung und lautem Organ.

wieder durchgesetzt gegen alle ach so türkischen Adlernasen und Monobrauen.

Aus einer halben Türkin entstand ein geviertelter Türke. Was von der deutschen Kultur wird er abbekommen, was von der türkischen? Ich hoffe, das Beste aus beiden Welten. So wie ich selbst.

Das mit dem Namen wollte ich dieses Mal aber richtig machen. Eigentlich glaube ich ja, dass es von Generation zu Generation von Deutschtürken in Deutschland besser werden wird. Man wird sich daran gewöhnen, dass Özlems und Murats im Bundestag sitzen oder im Management eines Unternehmens und nicht mehr nur am Gemüsestand bedienen oder unsere Wohnungen putzen. Aber mein tief sitzendes Misstrauen gegenüber deutschen Vermietern ist so schnell nicht wegzubekommen. Mein Sohn sollte schließlich als Student (das Kind macht natürlich Abitur!) nicht unter der Isarbrücke hausen – auch wenn er der Abkömmling einer waschechten Isartürkin ist.

Schon bei der Namensfindung merkte ich, dass das alles kniffelig werden würde. Sowohl ich als auch mein Bruder hatten als zweite Namen die Namen diverser türkischer und deutscher Groß- und Urgroßeltern. Auch ich wollte diese Tradition fortführen. Ich hatte die Wahl zwischen meinem Urgroßvater mütterlicherseits und dem Großvater väterlicherseits. Mein türkischer Großvater schied allerdings recht bald aus. Zwar erschien er mir einigermaßen fortschrittlich, weil er meine verwitwete Großmutter unbedingt heiraten wollte, obwohl die schon einen Sohn und ihren eigenen Kopf hatte. Aber im Alter wurde dieser Mann doch recht ungemütlich, stritt sich mit meinem Vater permanent am Telefon (»Komm gefälligst zurück in die Türkei, Sohn!«) oder bastelte manisch aus Papier kleine Modelle des Atatürk-Mausoleums nach. Als mein Vater einmal laut darüber nachdachte, ob man den alten

Herrn denn nicht vielleicht nach München holen solle und sich bei uns daheim um ihn kümmern könne, drohte meine Mutter umgehend mit Scheidung. Außerdem hieß mein Großvater Hüsnü – das sind zwei Üs zu viel.

Der andere Großvater hieß Rudolf, und darauf hätten sich in der Familie eigentlich alle einigen können. Wenn es da nicht diese eine Geschichte über Rudolf gegeben hätte. Also DIE Geschichte schlechthin.

Rudolf blieb nämlich eines lauen Sommerabends betrunken mit beiden Beinen im Morast stecken und erschreckte sich so sehr darüber, dass ihn der Schlag traf. Er hatte sich abends mit den anderen Landwirten zum Stammtisch getroffen. Und wie immer einige Biere gekippt. Leicht angeheitert torkelte er die Landstraße, die am stillgelegten Main-Donau-Kanal entlangführte, nach Hause. Es hatte geregnet, und die Nacht war klar. Die Fahrbahn zeigte das Spiegelbild des Mondlichts und sah aus wie ein still daliegendes Wasserloch. Blöd nur, dass daneben tatsächlich ein Wasserloch war – ein morastiger brackiger Seitenarm des Kanals.

Mein leicht desorientierter Urgroßvater torkelte also nicht weiter die nasse Landstraße entlang, sondern lief geradewegs in den Tümpel. Wasserpflanzen schlangen sich um seine Beine, es ging nicht mehr weiter, Rudolf steckte fest. Und so erzählt man sich bis heute in meiner Familie, dass Rudolf der Schlag getroffen haben muss, als er plötzlich merkte, dass er im Kanal stecken geblieben war. Am Tag darauf wurde Rudolf gefunden – immer noch senkrecht stehend. Es wird behauptet, dass er im Moment seines Todes wohl auch ein wenig belustigt über sich selbst gewesen sein muss, weshalb ein leichtes Lächeln seine Lippen umspielte.

Ich beschloss, dass das eine fantastische Geschichte ist, um später mal auf Partys leicht ins Gespräch zu kommen – und nannte meinen Sohn trotz des Widerstands in der Familie Rudi – im Gedenken an Rudolf. Denn das muss ich bei allen Schwierigkeiten, die ein Name mit sich bringt, der sich auf Penis reimt, zugeben: Mit Small Talk hat man dann wirklich keine Probleme mehr!

Das mit dem Namen wäre also geklärt. Bleibt die Frage, wie ich meinem Sohn die Türken näherbringen würde …

Mit Sommerferien natürlich!

Seitdem ich als Kind jede Sommerferien mit meinem Bruder und meinen Eltern in Marmaris am Mittelmeer verbracht habe, macht sich in mir ein Gefühl von Heimat breit, wenn ich den Geruch von Kanalisation rieche – damals gab es in ganz Marmaris nur eine Ampel, und wenn es besonders heiß war, kollabierte regelmäßig die Kanalisation, und die ganze Promenade roch zeitweise nach … nun ja … Genauso mit dem Gefühl von Heimat verbunden: der süßliche Geruch von Pulpe bei der Herstellung von Papier. Und der Geruch von gebrannten Mandeln, die immer viel besser riechen als schmecken. Es sind die Gerüche meiner Kindheit zwischen Marmaris und München.

Italienischen Boden hingegen betrat ich das erste Mal mit neunzehn Jahren. Und das als Münchnerin! Das muss man erst mal schaffen. Ist aber ganz leicht, wenn man einen türkischen Vater hat. Während meine Kindergartenfreunde am ersten Sommerferientag schon im Wasser des Gardasees planschten, waren wir noch tagelang im VW-Bus unterwegs, weil auf dem Balkan Krieg herrschte.

Obwohl wir eine umständliche Route über Italien und Griechenland nehmen mussten, die mehrere Überfahrten mit der Fähre beinhaltete, fuhren wir trotzdem jeden Sommer. Am Anfang noch mit dem alten Bulli ohne Klappdach und einige Jahre später mit dem brandneuen Modell mit Kühlschrank und Gasherd. Während wir unbeirrt in die Türkei fuhren, wechselten sich dort gewählte zivile Regierungen und Militärjuntas ab. Jedes Mal, wenn wir endlich in der Türkei ankamen, war die Lira wieder ein bisschen weniger wert. Oder viel viel weniger wert.

Bei diesen Marathonfahrten saßen mein Bruder und ich natürlich nicht brav und angeschnallt auf der Rückbank, sondern fläzten hinter der Rückbank auf einer Matratze über dem Motor herum – im Schlafanzug. Um uns bei Laune zu halten, spielten meine Eltern uns alle »Benjamin Blümchen«-Kassetten bis zum Erbrechen vor. Außerdem ging immer ein ziemlicher Wind in unserem Bus. Damals rauchten meine Eltern nämlich noch im Auto und versuchten, mit Dauerlüften ihr schlechtes Gewissen gegenüber uns Kindern zu mindern.

Später flogen wir in die Türkei. Bei der einstündigen Fahrt vom Flughafen Dalaman nach Marmaris passierten wir jedes Mal eine Allee mit Eukalyptusbäumen, die mir als kleines Kind endlos vorkam. Jedes Mal bei der Durchfahrt genau dieser Allee wehte ein Geruch herüber, den ich noch nie zuvor gerochen hatte und bis heute nur von diesem Ort kenne: der süßliche Geruch von Pulpe. Ganz in der Nähe gab es eine Papierfabrik, erklärten mir meine Eltern damals.

Und so wurde der Pulpegeruch zu einer Art Initialzündung für den Beginn des Sommers. Sobald mir die Geruchsboten der Papierfabrik in die Nase stiegen, fühlte ich mich anders. Als wüsste und spürte ich nun etwas, das meine Kindergartenfreunde oder Klassenkameraden nie spüren und wissen würden. Als wäre ich eine Eingeweihte in ein großes Geheimnis.

Meine Freunde kamen nach den großen Ferien immer mit ein paar Brocken Italienisch heim und schwärmten vom italienischen Eis.

Ich konnte, zurück in der Schule, auf Türkisch Brot einkaufen, kannte meinen ersten volkswirtschaftlichen Fachbegriff – »Inflation« – und war mindestens hundert Mal vom türkischen Eisverkäufer veräppelt worden.

In der Türkei gibt es nämlich nicht einfach nur Eis, sondern eines, das man ziehen kann, meterlang: Maraş-Eis aus Baumharz. Zum Verkaufsritual gehört es dazu, vor allem Kinder und unwissende Touristen erst mal ordentlich zu verarschen, bevor man ihnen Waffel und Eis aushändigt. Der Eisverkäufer holte zum Beispiel mit einem meterlangen Metallstab die komplette Eismasse aus dem Bottich, groß wie zwei Fußbälle, und hielt unschuldig grinsend eine Waffel darunter. Oder er lüpfte mir, gerade als ich zugreifen wollte, mit dem Metallstab die Kugel wieder von der Waffel und ließ sie über meinem Kopf kreisen. Oder er schleuderte die Eismasse in langen Bahnen wie Pizzateig von einer Metallstange zur nächsten.

Italienisches Eis gegen so ein Spektakel? Geschenkt!

Wehmütig nahm ich Jahr um Jahr Abschied von Marmaris und einem langen Sommer voller türkischer Geheimnisse.

Wieder in München am Flughafen bei der Passkontrolle reichte aber immer nur ein kurzer Blick auf die damals noch typischen grünen und senfgelben Uniformen der grantelnden[23] bayerischen Polizisten, und ich fühlte mich augenblicklich zu Hause. Und wenn dann ein paar Wochen später das Oktoberfest begann, war es auch ein Geruch, der mich wieder in meine andere Heimat zurückholte: der Geruch von gebrannten Mandeln, der bis zur Hackerbrücke herüberwehte, über die ich mit meinen Eltern in Richtung Wiesn drängelte. Dann rückten Marmaris und der Geruch

---

[23] Bairisch für »schlecht gelaunt«. In diesem Fall ein Euphemismus.

nach Kanalisation und Pulpe und unzählige verspeiste Baumharzeise in weite Ferne. Bis im nächsten Sommer der Kreislauf von vorn begann.

Wenn man als Deutsche einen türkischen Vater hat, dann ist »In die Ferien fahren« auch immer ein bisschen »Heimfahren«. Weil man mit jeder Urlaubsfahrt eine kleine Reise in die Vergangenheit der Eltern unternimmt. Auf diesen Reisen fühlte ich mich immer sehr deutsch: Wenn ich dick eingeschmiert mit Lichtschutzfaktor 50 die Mittagszeit im Schatten verbringen musste, statt mit den türkischen Kindern am Strand zu tollen. Oder als mich ein türkischer Kellner »kleine Nuss« nannte (in der Türkei sagt man das liebevoll zu Kindern) und ich daraufhin todbeleidigt war, weil ich dachte, er hält mich für eine dumme Nuss. Oder wenn ich mich mal wieder wie verrückt darüber ärgerte, dass ich nicht besser Türkisch gelernt hatte.

Nach solchen Sommerferien hatte ich allerdings so einiges andere gelernt. Dass die Türken ein unverwüstliches Völkchen sind zum Beispiel, die Frauen dort nicht alle Kopftuch tragen, aber viele schon. Ich wusste dann: In der Türkei zahlt man mit Lira, das ist fast dasselbe Geld wie in Italien – und doch was völlig anderes. Ich machte meinen Freunden vor, wie in der Türkei das Baumharzeis verkauft wird und was man sagen muss, um einen Maiskolben am Strand zu bekommen. Wenn ich von alldem am Ende der Sommerferien zurück in München meinen Schulfreunden berichtete, fühlte ich mich immer sehr türkisch – auch wenn ich dort so etwas wie ein albinoweißes Weltwunder war.

Und heute? Heute ist das eigentlich immer noch so. Mal überwiegt die türkische, mal die deutsche Seele. Der kleine Dönerverkäufer auf der einen und das Münchner Kindl auf meiner anderen Schulter haben sich in letzter Zeit aber öfter gezankt. Da hatte der kleine Dönerverkäufer schon auch Verständnis für seine Deutschtürken, die Erdoğan hinterherrennen. Wenn sich ein Großteil der Gesellschaft jahrelang wünscht, dass »die alle« irgendwann wieder an den Bosporus zurückgehen, muss man sich nicht wundern, dass sie sich dem starken Mann zuwenden. Aber auch das Münchner Kindl in mir kann ordentlich schimpfen, wenn ich Türken begegne, die nach zwanzig Jahren in Deutschland immer noch kein Wort Deutsch können.

Mein Vater entfloh der Enge des zentralanatolischen Hochlands. Meine Mutter der Enge der zentralkatholischen Oberpfalz. Es war ziemlich unwahrscheinlich, dass sie sich jemals begegnen würden. Dass aus genau diesen beiden Menschen eine Isartürkin entstehen würde. Und Isartürken lassen sich nicht gerne in Schubladen stecken.

Für den Vierteltürken wünsche ich mir, dass er wie ich zwischen den Welten wandeln kann. Und sich nicht beirren lässt. Sich nicht einreden lässt, er müsste sich entscheiden, auf welcher Seite er steht. Es gibt diese zwei Seiten nämlich nicht mehr. Die Welt ist längst voll von Isartürkinnen, Alsterindern oder Donauchinesen.

Leider verbringe ich längst nicht mehr die ganzen Sommerferien in der anderen Welt, in der Heimat meines Vaters – während dort die Türkei meiner Kindheit ein bisschen zu verschwinden droht.

Vielleicht sollte ich ganz schnell meinen kleinen Vierteltürken in einen VW-Bus packen und sie ihm zeigen. Damit er später einmal versteht, wovon seine Mutter mit dem komischen Namen immer spricht.

PERSONENVERZEICHNIS

MEIN VATER: Ein Türke, den seine Freunde wegen seines roten Rauschebarts »Barbarossa« nannten. Sein verhasstes Maschinenbaustudium im langweiligen Ankara trieb ihn nach München, wo er meine Mutter so oft mit geliehenen Luxusautos von der Arbeit abholte, bis ihre Kolleginnen ihn akzeptierten.

MEINE MUTTER: Eine Bayerin, die in der kreuzkatholischen Oberpfalz aufwuchs und froh war, dass ihre Cousine einen Protestanten heiratete, weil das viel schlimmer war als ihr türkischer Ehemann. In Marmaris ging sie extra nächtelang in die Disco, um meinem Vater eine Lektion zu erteilen.

MEIN BRUDER: Ein Satansbraten, der als kleiner Junge in Marmaris sein Unwesen trieb, was in der kinderfreundlichen Türkei aber niemanden sonderlich störte. Er schimpfte als Kind in der Türkei immer auf Deutsch und beleidigte in Deutschland auf Türkisch.

ONKEL ÇEKO: Ein türkischer MacGyver, den ich mir eigenhändig als Onkel auswählte. Mein Onkel konnte »aus Scheiße Gold«

machen und trug im Winter wie im Sommer ausnahmslos locker sitzende Boxershorts.

TANTE FINE: Ursprünglich Stuttgarterin und Onkel Çekos Frau, die das schwäbischste Türkisch der Welt spricht und gemeinsam mit meiner Mutter im türkischen Exil versuchte, deutsche Leberstreichwurst ohne Schwein zu fabrizieren. Leider erfolglos.

FATMA: Unsere Putzfrau, die ihre Kuh im Hochsommer in Marmaris in unseren Garten stellte, weil es dort das einzige Gras in der Stadt gab. Als Kind gab sie mir rohe geschälte Zwiebeln zu essen, weil sie die einzige uns bekannte Türkin war, die nicht kochen konnte. Außerdem erfand Fatma die deutsch-türkische Freundschaft.

NINE UND DEDE, MEINE TÜRKISCHEN GROSSELTERN: Meine Nine, die mir ihre rotblonden Haare, die zum erhöhten Sonnencremeverbrauch neigende Haut sowie ein goldenes Atatürk-Medaillon vererbte. Sie ließ meinen Dede, einen Schuldirektor, der gerne Papprepliken des Atatürk-Mausoleums zusammenbastelte, lange zappeln, bis sie ihn erhörte. Leider starben die beiden so früh, dass ich nur wenig von ihnen mitbekam.

MEINE BAYERISCHE OMA: Eine fromme Oberpfälzerin, die meinen Bruder heimlich überm Spülbecken taufte, als meine Mutter gerade nicht hinsah, alle zwei Wochen ein neues Bibelabo an der Haustür abschloss und erst mal zehn Rosenkränze betete, als sie ihren türkischen Schwiegersohn kennenlernte.

ZEITSTREIFEN

1945: Mein türkischer Opa, ein Schuldirektor, lernt in Ankara eine Angestellte des Agrarministeriums kennen, die ihm fortan nicht mehr aus dem Kopf geht: meine Oma. Ihre rotblonden Haare haben es ihm so angetan, dass es ihm wurscht ist, dass sie schon mal verheiratet war – eigentlich ein No-Go zur damaligen Zeit in der Türkei.

1948: Mein Vater wird geboren und ist der Augenstern meiner Großmutter. Auch als er sich ein paar Jahre später bei seinem Beschneidungsfest über und über mit tiefroten Maulbeeren einsaut, kann sie ihm nur kurz böse sein.

1955: Meine Mutter wird im bayerischen Riedenburg geboren, als Tochter eines Postbeamten, ihre Mutter ist Hausfrau. Als eine Nachbarin zu meiner Oma einmal sagt, wie hübsch doch ihre Tochter, also meine Mutter, sei, antwortet Oma: »Ach, die läuft auch nur mit dem Haufen.«[24] So viel zum Thema Augenstern.

---

[24] Umgangssprachlicher Ausdruck. Soll ausdrücken, dass eine Person auch nicht schöner oder klüger ist als der große Rest.

1972–1975: Meine Mutter ist 17 Jahre jung, als sie ihre kleine kreuzkatholische Heimatstadt Riedenburg verlässt, um die große weite Welt zu entdecken: an der katholischen Krankenschwesternschule in Nürnberg.

1974: Mein Vater versaut seine Matheprüfung an der Uni in Ankara dermaßen, dass er sein Maschinenbaustudium endgültig abbricht und erst mal seinen Onkel in Istanbul besucht. Im Zug dorthin lernt er den Duisburger Holger kennen, der ihm einen Umzug nach Deutschland schmackhaft macht.

1975: Mein Vater setzt sich in Istanbul in den Zug und fährt über München in den Ruhrpott – die klassische Gastarbeiterroute.

1976: Zweiter Versuch meiner Mutter, die große weite Welt zu entdecken. Diesmal kommt sie ihrem Vorhaben schon näher: Sie zieht nach Pöcking bei München.

1980: Ein Studium der Geologie an der Uni Duisburg-Essen und diverse Jobs später verschlägt es meinen Vater an den Ammersee, wo er eine Lehre zum Bootsbauer absolviert.

1983: In einer WG in Steinebach am Ammersee, die für ihre Partys berühmt ist, lernt mein Vater meine Mutter kennen: eine Krankenschwester, die stets mit knallroten Lippen anzutreffen ist. In den folgenden Jahren können die beiden sich nicht so recht entscheiden, wo sie sesshaft werden wollen, und ziehen einige Male zwischen München und Marmaris hin und her.

1984: Der deutsch-türkische Rotzlöffel alias mein Bruder wird in München geboren. Dem Höllenfeuer wird er vermutlich trotzdem entkommen, weil meine deutsche Oma ihn heimlich über der Spüle tauft.

1985: Für den Geschmack meiner Mutter etwas arg knapp danach wird meine Wenigkeit ebenfalls in München geboren. Mein Vater hängt in Marmaris gerade hoch oben an einem Schiffsmast und flickt das Großsegel, als er die frohe Botschaft erhält.

1985: Jetzt aber wirklich große weite Welt, zumindest für damalige Verhältnisse: Meine Mutter packt ihre zwei Satansbraten ein und fliegt mit einem so klapprigen Flugzeug von Irgendwas Airlines diesmal für längere Zeit nach Marmaris, dass ihr heute noch der Angstschweiß auf der Stirn steht, wenn sie davon erzählt.

1985–1989: Die nächsten Jahre verbringen wir in Marmaris, wo mein Vater eine Jachtbasis leitet, meine Mutter erfolglos versucht, deutsche Streichleberwurst nachzubauen, mein Bruder keine Gelegenheit auslässt, Unsinn zu treiben und ich mir einen Onkel aussuche.

1989: Nachdem wir zum hundertsten Mal die Lippenstifte meiner Mutter zerstört haben, die sie extra aus Deutschland importiert hat, beschließt meine Mutter, dass es jetzt mal gut ist mit Türkei und die Familie Aykanat wieder nach München zieht.

1990 bis 2005: Bis zu meinem Studium verbringe ich jeden verdammten Sommer in der Türkei. Die Begegnungen mit dem Maisbeziehungsweise dem Brotmann verbessern meine Türkischkenntnisse allerdings nicht im gewünschten Maß.

2008–2009: Ich verbringe ein Studienjahr in Istanbul, um endlich richtig Türkisch zu lernen. Zusätzlich komme ich mit einer Ladung »neuer türkischer großer Brüder« im Gepäck wieder nach Hause.

2012: Ich lege mir, um endlich eine Wohnung in München zu finden, eine neue Identität zu: Anna Graf. Klappt nicht. Bin wieder Frau Aykanak.

2016: Ein gerade noch so vereitelter Militärputsch in der Türkei führt dazu, dass ich in meinem Beruf als Journalistin nur noch damit beschäftigt bin, über »diese Deutschtürken« zu schreiben. Ich beschließe, über diese Hybridwesen, von denen ich eines bin, ein paar hoffentlich erhellende Geschichten zu erzählen.

GLOSSAR

ANNE: Nein, nicht alle türkischen Mütter heißen Anne. Es ist vielmehr so, dass alle türkischen Mütter Anne SIND. »Anne« ist Türkisch für »Mutter«.

BRENNSUPPE, DARAUF DAHERGESCHWOMMEN: Die Brennsuppe, eine einfache Suppe aus Wasser, Mehl und Fett, gab es früher vor allem in einfacheren Familien zu essen. Wer also auf der Brennsuppe dahergeschwommen war, der stammte aus nicht so glänzenden Verhältnissen und war wahrscheinlich auch ein bisschen dumm.

CANIM: Türkisch für »mein(e) Liebe(r)«. Wortwörtlich bedeutet es »meine Seele«. Sagt man in der Türkei den ganzen lieben Tag lang zu jedem, den man nicht völlig unsympathisch findet – von der besten Freundin bis zum Simit-Verkäufer.

DORFMATRATZE, DIE: Abwertender Begriff für eine Person, die schon viele Sexualpartner hatte und deren Revier so klein ist, dass das auch schnell jeder mitbekommt. Als Dorfmatratze wurden lange Zeit nur Frauen bezeichnet, mittlerweile hat sich die Begriffsverwendung aber endlich auch der Realität angepasst. Ja, man glaubt es kaum, aber auch Männer haben tatsächlich wechselnde Sexualpartnerinnen.

GLUMP: Bairisch für einen »qualitativ minderwertigen Gegenstand«.

GRANTELND, GRANTIG: Bairisch für »schlecht gelaunt«. Grundcharakteristikum eines jeden Bayern und einer jeden Bayerin.

HAUFEN, MIT IHM LAUFEN: Bedeutet, dass eine Person auch nicht schöner oder klüger ist als der große Rest, durchschnittlich eben. »Die läuft auch nur mit dem Haufen« war ein oft gesagter Satz meiner oberpfälzischen Oma über ihre Töchter. Er drückt gleichzeitig eine gewisse bayerische Grantigkeit und katholische Demut aus.

HAYMAT: Deutschtürkisch für »Heimat«. Das kann das alte Zuhause der Eltern sein, also die Türkei. Oder die Oberpfalz. Oder aber das neue Zuhause: Deutschland, München. Oder aber nur der Duft von Kanalisation und gebrannten Mandeln. Oder – viel wahrscheinlicher – all das zusammen. Haymat eben.

HERGEFOTZT WERDEN: Hat nichts mit Fotze, dem herabwürdigenden Begriff für das weibliche primäre Geschlechtsmerkmal, zu tun, sondern kommt von »Fotzn«, was »Gesicht« oder »Maul« bedeutet. Also Bairisch für »eine Ohrfeige bekommen«. Beliebt ist auch der Ausdruck »D' Fotzn ans Tischeck haun«, also »Das Maul an die Tischkante hinschlagen«. Heißt so viel wie »das Nachsehen haben«, »leer ausgehen«.

KASHAXN, DIE: Bairisch für Käsefüße. Nicht zu verwechseln mit der Schweinshaxn.

KASWEISS: Bairisch für Menschen, die mit wenig Melanin gesegnet sind. Ich warte immer noch darauf, dass vornehme Blässe wieder in Mode kommt.

KRAXLN: Bairisch für »steigen«, »klettern«.

KUTTENBRUNZER, DIE: Bairischer abwertender Ausdruck für Geistliche und Juristen und sonstige Personen der Obrigkeit. Vom bairischen »brunzen«, »urinieren«; also jemand, der in seine Kutte, gemeint ist damit die jeweilige Ordens- oder Amtstracht, uriniert.

LIEDZN: Bairisch oder vielmehr sogar Oberpfälzisch für »schlechte Angewohnheiten«. Das Wort »Liedzn« fällt öfter, wenn sich meine Mutter über die alten Unterhemden meines Vaters aufregt.

MERHABA: Türkisch für »Hallo«. Merke: Man ist immer nur ein Merhaba davon entfernt, in eine türkische Familie aufgenommen zu werden. Türken sind so begeistert, wenn man auch nur ein paar Brocken Türkisch beherrscht, dass sie einen gleich eingemeinden.

MÜREN, ZEKI: Türkischer Arabesque-Sänger, der für seine hochdramatischen, todtraurigen Konzerte berühmt war, auf denen das Publikum immer Rotz und Wasser heulte. Mein Istanbuler Mitbewohner Taylan erklärte mir einmal, dass sogar heute noch auf Konzerten von Arabesque-Sängern Rasierklingen verkauft werden, mit denen sich das Publikum in die Haut ritzt, um den Schmerz der traurigen Liebeslieder besser mitfühlen zu können. Zeki Müren trat übrigens in Frauenkleidern auf und ist in der Türkei auch heute noch ein Nationalheld.

NARRISCH: Bairisch für »nicht ganz dicht«.

NINE: Türkisch für Oma. Opa wäre dann der »dede«. Sehr sehr lange – peinlich lange – dachte ich, dass »nine« und »dede« tatsächlich die Namen meiner Großeltern sind.

ÖFF YA!: Türkischer Ausruf, der eine Art Seufzen und Ächzen ausdrücken soll. Mit der richtigen Betonung kann »öff ya!« auch als ein aufbrausendes »Mann ey!« verwendet werden.

OIDALAN: Manchmal auch »Oida Lan«. Bairisch-Türkisch für »Hey Alter«. Wortwörtlich übersetzt würde es »Alter Typ« lauten. Wird zusammengesetzt aus dem bairischen Wort für »Alter« (»Oida«) und dem türkischen für »Typ« (»lan«).

SCHAU AMAL, KIZIM: Bairisch-Türkisch für »Jetzt schau mal, mein Mädchen«. Zusammengesetzt aus dem bairischen »amol«, das mein Vater in »amal« türkifiziert hat, und dem türkischen »kızım«, »mein Mädchen«.

SCHAUG AMOL DEI DOU OH!: Oberpfälzisch: »Schau mal die da an!« Eigentlich immer abfällig gemeint. Stellen Sie sich bei dem Satz bitte einen bellenden Hund vor. Oberpfälzisch wird – im Gegensatz zum Beispiel zum Niederbayerischen – richtiggehend gebellt. Hou hou hou!

SCHRATZEN, DIE: Bairisch für kleine, sehr junge und sehr anspruchsvolle Menschen mit Drang zur Zerstörung und lautem Organ. Mein Bruder und ich qualifizierten uns für diesen Ausdruck mit Auszeichnung.

STRUNZÖDE: Umgangssprachlich für »unglaublich langweilig«. Eher neuere Wortschöpfung aus dem süddeutschen Raum. Hergeleitet vom geläufigeren »strunzdumm«, also »unglaublich saudumm«. Der Wortteil »strunz« kommt von »strunzen«, was »prahlen« oder »angeben« bedeutet, und dient als Verstärkung des darauffolgenden Adjektivs. Strunzöde war es meiner Mutter zum Beispiel in ihrer kleinen Heimatstadt Riedenburg.

DANK

Vom Gedanken, den man sich im Gehirn so zusammenspinnt, bis zur Tat vergehen ja gerne mal ein paar Jahrzehnte. Oder der Gedanke bleibt für immer im Kopf. In meinem Fall habe ich die Geschichten meiner Familie bestimmt schon tausend Mal zum Besten gegeben, bevor ich auch nur ein Wort dieses Buches getippt habe. Meine Freunde brauchen »Die Isartürkin« gar nicht zu lesen, die können die Anekdoten sowieso schon auswendig herunterbeten. Trotzdem ernte ich immer wieder Lachen, Erstaunen und Interesse, wenn ich sie erzähle.

Ganz weit hinten in meinen Gehirnwindungen habe ich immer davon geträumt, den ganzen Aykanat'schen Wahnsinn eines Tages aufzuschreiben. Aber selbst als Journalistin und sogar, als das Thema Türkei und Deutschtürken gerade mal wieder in aller Munde war, traute ich mich nicht. Da war immer ein Restzweifel: Wieso sollten die alten Geschichten gerade meiner Kindheit irgendwen interessieren?

Aber bevor ich wieder unendlich abschweife, wie so oft in diesem Buch, komme ich lieber zum Punkt: Manchmal braucht man jemanden, der einem in den Schuh hilft. In meinem Fall war das

Hendrik Munsberg bei der *Süddeutschen Zeitung*, der in dem ganzen Trubel um Deutschtürken, Doppelpass und Erdoğan den richtigen Riecher hatte und sich dafür einsetzte, dass meine Gedanken und Erinnerungen eben nicht nur genau das bleiben, sondern sogar eine eigene Kolumne bekommen, aus der später dieses Buch entstand.

Außerdem möchte ich meinem Chef Peter Lindner für seine Unterstützung bei der Lebendwerdung der »Isartürkin« danken (vor allem für die unzähligen Brainstorming-Sitzungen, in denen wir nach einem Namen suchten) sowie meinen Kollegen bei der *SZ*. Besonders Leila Al-Serori, die als Allererste meine Geschichten als »Isartürkin« gelesen und für gut befunden hat (und die weiß, wie es ist, mit einem orientalischen Papa aufzuwachsen).

Mein Dank gilt außerdem Gunnar Herrmann, Dominik Fürst und Michael König, die immer dafür sorgten, dass meine Texte am Ende viel besser waren als am Anfang. Nicht zu vergessen Jessy Asmus, die an ihrem Computer Hammel auf Autos setzte und so der »Isartürkin« ihren ersten Look verpasste.

Wer über die Türkei schreibt, den begleitet ja stets die Angst, dass er für den nächsten Satz gelyncht wird. Deshalb danke ich auch den Experten auf diesem Feld, Christiane Schlötzer und Gökalp Babayiğit, fürs Redigieren und das wertvolle Feedback. Gökalp auch dafür, dass er mir immer ein leuchtendes Beispiel dafür ist, dass man es auch mit einem unaussprechlichen türkischen Namen im Berufsleben verdammt weit bringen kann.

Dass aus der »Isartürkin« ein Buch wurde, habe ich außerdem meiner Agentin Andrea Wildgruber zu verdanken und Bernhard Blöchl, der mich mit ihr in Kontakt brachte.

Als Journalistin verbringt man zwar einen Großteil des Tages damit zu schreiben – der Schritt zu einem eigenen Buch ist aber noch mal ein ziemlich großer. Für die tolle Zusammenarbeit auf diesem Weg bedanke ich mich bei Theresa Klingemann und Anna Baubin vom Diana Verlag sowie bei meiner Redakteurin Carina Heer, die trotz meiner chronischen Neigung zum Exkurs und Abschweifen den Überblick behielt und den roten Faden sah, wo ich manchmal nur noch Chaos im Kopf hatte. Zwei Seelen in meiner Brust eben.

Dass die eine Seele, die türkische, sich überhaupt ausdrücken kann, ist das Verdienst von Nevra Lischewski, die für mich mehr als nur meine Türkischlehrerin ist. Und Nathalie Morgenroth muss und will ich erwähnen, weil sie der vermutlich größte Fan der »Isartürkin« ist, was mich immer sehr ermutigt hat.

Zu guter Letzt möchte ich Ulrike Gasser, Lena Alpozan und Anna-Lena Koschig für ihre Unterstützung, die vielen Erlebnisse und Reisen in dem Land danken, das uns verbindet, uns in den Wahnsinn treibt und das wir lieben: die Türkei.